O Príncipe
e a Lavadeira

Nuno Tovar de Lemos, SJ

O Príncipe e a Lavadeira

Redescobrir a fé cristã, histórias simples para falar de Deus e de nós

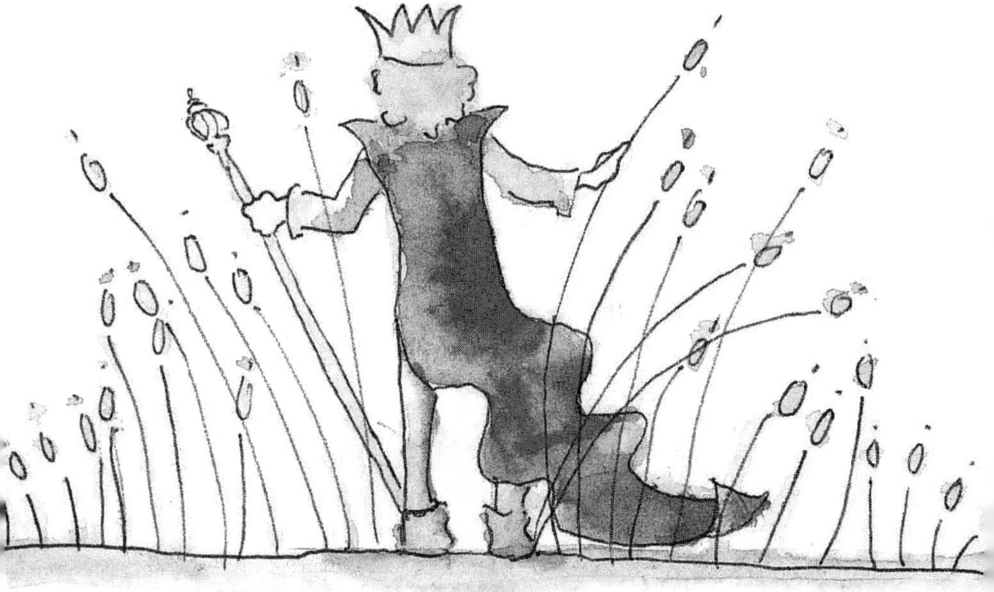

17ª Edição

Ilustrações de MARIA ARCHER

Título original:
O príncipe e a lavadeira – Redescobrir a fé cristã, histórias simples para falar de Deus e de nós
© Secretariado Nacional do Apostolado da Oração
Rua S. Barnabé, 32 – 4710-309 Braga – Portugal
ISBN 978-972-39-0885-5

Dados Internacionais de Catalogação na Publicação (CIP)
(Câmara Brasileira do Livro, SP, Brasil)

Lemos, Nuno Tovar de
  O príncipe e a lavadeira : redescobrir a fé cristã, histórias simples para falar de Deus e de nós / Nuno Tovar de Lemos ; ilustração Maria Archer. -- 17. ed. -- São Paulo : Edições Loyola, 2023.

  ISBN 978-65-5504-145-3

  1. Deus (Cristianismo) 2. Espiritualidade 3. Fé 4. Jesuítas 5. Pastoral - Cristianismo 6. Vida cristã I. Archer, Maria. II. Título.

21-91758   CDD-230

Índices para catálogo sistemático:
1. Fé cristã : Teologia : Cristianismo   230

Maria Alice Ferreira - Bibliotecária - CRB-8/7964

Capa e diagramação: Atelier Mam Design | Madalena Azevedo Mendes
Adaptação (1ª ed.): Gabriel Frade
Revisão e adaptação do português europeu (2ª ed.): Raniéri de Araújo Gonçalves, SJ

Edições Loyola Jesuítas
Rua 1822 nº 341 – Ipiranga
04216-000 São Paulo, SP
T 55 11 3385 8500/8501, 2063 4275
editorial@loyola.com.br
vendas@loyola.com.br
www.loyola.com.br

Todos os direitos reservados. Nenhuma parte desta obra pode ser reproduzida ou transmitida por qualquer forma e/ou quaisquer meios (eletrônico ou mecânico, incluindo fotocópia e gravação) ou arquivada em qualquer sistema ou banco de dados sem permissão escrita da Editora.

ISBN 978-65-5504-145-3

© EDIÇÕES LOYOLA, São Paulo, Brasil, 2023

Sumário

Prefácio à edição brasileira revisada..................7
Raniéri de Araújo Gonçalves, SJ

Nota à 4ª edição..................9
Nuno Tovar de Lemos, SJ

Pessoas simples..................11
Laurinda Alves

Aviso: não leia este livro se.....................13
Vasco Pinto de Magalhães, SJ

Excelentíssimo Deus,..................15

Uma visita guiada..................19

O peixe e o mar..................31

A varanda..................35

O astrônomo e a brisa da noite..................53

O Príncipe e a Lavadeira..................61

Noite de estrelas 79

Laboratório de Tentações 97

O sótão 113

Aprendiz de viajante 129

A missão 137

Prefácio à edição brasileira revisada

Raniéri de Araújo Gonçalves, SJ

Após ter iniciado o trabalho da revisão do livro do Pe. Nuno Tovar de Lemos publicado por Edições Loyola, com o intuito de "traduzir" ao Português brasileiro as expressões usadas pelo autor no Português de Portugal, recebi o convite para escrever o prefácio a esta edição. Confesso que senti um misto de alegria, honra e certo temor e tremor diante desta tarefa, pois Laurinda Alves faz uma apresentação excelente do Pe. Nuno no prefácio intitulado "Pessoas Simples", apresentando um pouco da arte deste autor ao escrever sobre assuntos profundos da espiritualidade e fé cristãs, com vasto conhecimento de Teologia.

Também desafiou-me prefaciar a edição brasileira, fazê-lo depois do que está escrito pelo Pe. Vasco Pinto de Magalhães, SJ, que conhece o autor pessoalmente e de convivência na Província dos jesuítas de Portugal. Junto com Pe. Vasco, gostaria de reforçar que este livro será mais apreciado ao ser ouvido do que ao ser lido e, por isso, ganhamos mais quando o lemos em voz alta, como sugere o Pe. Vasco no prefácio "Aviso: não leia este livro se...".

Meu primeiro contato com esta obra se deu por indicação de pessoas que participavam da equipe dos Exercícios Espirituais para Leigos e Leigas promovidos pelo Centro de Espiritualidade Inaciana de Itaici há mais de dez anos. Quando a li, considerei-a uma pérola de grande valor para o crescimento de quem a lê e para o apostolado dos Exercícios Espirituais Inacianos. Passei então a usar trechos do livro nas instruções e motivações que faço às pessoas que se exercitam espiritualmente orientadas por mim. Continuo fazendo isso sempre que tenho oportunidade de ajudar outros a crescer espiritualmente no seguimento de nosso Senhor Jesus Cristo.

Há alguns anos, diante da decisão de Edições Paulinas de retirar o livro do seu catálogo, entrei em contato com a responsável pela editora, mostrando a importância deste livro para os cristãos. Sugeri que retornasse ao catálogo da editora, mas sem sucesso. Mais recentemente, fiquei muito contente ao receber um sinal verde do Pe. Danilo Mondoni, diretor de Edições Loyola, para a possibilidade de o livro ser publicado pela editora jesuíta. Fiz tudo que estava ao meu alcance para localizarmos o Pe. Nuno, e a editora fez o que devia fazer para que o livro voltasse a ser publicado no Brasil.

Assim apresento esta edição "traduzida" ao Português brasileiro e tenho certeza de que ao lê-la você tirará grande proveito do que segue nas páginas deste livro.

Nota à 4ª edição

Nuno Tovar de Lemos, SJ

Quando, no final de novembro, saiu *O Príncipe e a Lavadeira* não pensei que, um mês depois, estaria preparando uma nota para a quarta edição! Para além da alegria que isso representa para o editor e para mim, o acolhimento extraordinário que os leitores têm dedicado a este livro me tem feito pensar...

Perguntaram um dia à Madre Teresa de Calcutá o que ela sentia quando entrava em uma sala cheia de gente entusiasmada, de pé, aplaudindo-a. A pergunta era maliciosa. Ficava na mesma? Isso significaria que era insensível. Ficava lisonjeada? Bem, então talvez não fosse assim tão santa como parecia...

Ela nem hesitou na resposta: Ficava muito contente! Quando isso acontecia, ao ouvir os aplausos, enquanto andava, pensava em Jesus entrando de burro em Jerusalém entre hosanas de uma multidão entusiasmada e ficava muito contente. Ela, claro, era o burro que transportava Jesus! Um burro feliz.

Muitas vezes tenho tido a sensação de levar comigo algo ou Alguém muito maior do que eu e de ser estimulado com a onda de gratidão que essa presença produz em quem, de algum modo, a toca. Esta é uma dessas vezes. Se o burro de Jerusalém fosse mais ingênuo até poderia pensar, ao passar, que era um burro diferente dos outros, enfim, um burro com *pedigree*... A realidade, no entanto, é bem diferente. Se o leitor elevar um pouco o seu olhar verá que – dois metros acima das patas do burro – vai Alguém de quem ele está há muito tempo à procura, talvez mesmo sem o saber, ao procurar o bem, o sentido da vida e a felicidade. Alguém que, afinal, até garante uma boa tiragem!

O verdadeiro mérito do burro de Jerusalém – que o tem, também! – é o de ter transportado Jesus, sem deixá-lo cair, pelos caminhos simples e antigos que conduzem até às portas da cidade. Parece-me que a linguagem simples e afetiva deste livro e a fidelidade ao estilo narrativo das parábolas dos evangelhos são uma forma descomplicada e eficaz de transmitir uma mensagem que é tão valiosa que não precisa de grandes artifícios linguísticos. Antes, os dispensa.

No entanto, tal como o burro de Jerusalém, este livro só leva até às portas da cidade. Para nesse ponto, diante da porta, já que daí para a frente só se vai a pé, cada um com seus próprios pés. Por isso mesmo, o capítulo mais importante deste livro – ou, talvez, de qualquer livro – fica para depois, para ser escrito pelo leitor com a sua própria história. Que ela, também, seja uma parábola de algo ou de Alguém maior. Dedico a você esta quarta edição.

Coimbra, dezembro de 2004.

Pessoas simples

Laurinda Alves

Ser simples é difícil. A tentação universal para complicar as coisas, aliás, tem se revelado desastrosa ao longo dos séculos e muito daquilo que poderia ter sido sempre tão simples vai tomando proporções caóticas.
Falo da maneira como as pessoas se comunicam, por exemplo. Como dizem umas às outras aquilo que pensam e sentem. Ou melhor, como dizem uma coisa e tantas vezes sentem outra. E como tudo isso pode ser tão perverso e enganador.
Ser simples é muito mais do que não ser complicado. É ser verdadeiro, é prestar atenção, é ouvir com o coração e é falar sem pretender ter sempre razão. Só uma pessoa simples é capaz de estar na vida para os outros e pelos outros, e consegue fazer isso sem se perder no essencial.
Conheço muito poucas pessoas simples e verdadeiras como o padre Nuno Tovar de Lemos. Simples na maneira de estar, de viver e de falar e verdadeiras na única verdade que interessa, que é a do coração. Durante anos a fio ouvi o padre Nuno falar de liberdade interior, de alegria, de esperança, de confiança e de tempo para ter tempo. Enfim, de aprender a amar.
Eu o ouvi no silêncio comovido das missas do Centro Universitário Padre Antônio Vieira (CUPAV), no silêncio partilhado dos retiros que fiz sob sua orientação e, ainda, no silêncio exaltante das celebrações eucarísticas improvisadas ao entardecer, com amigos, no mar dos Açores ou na praia mais próxima de sua casa.
Seja celebrando, conversando ou escrevendo, o padre Nuno só usa palavras simples. Palavras que todos conhecemos e em que todos nos revemos.

E só por ser tão simples, tão verdadeiro e tão firme no essencial, que o padre Nuno tem este dom de iluminar todos os que estão à sua volta. Quando fala é inspirado, quando ouve é inspirador e sempre que reza nos ajuda a rezar.

Fala de Deus com alegria e humor e nos deixa a certeza de que não existe maior amor.

Afetivo como poucos, fala da oração e do perdão. Da verdade e da liberdade. Da paciência, do tempo e da imaginação. Deixa no ar a certeza de um Pai que nunca deixa de nos amar. Conta histórias e sabe, como sabia a raposa quando falava com o pequeno Príncipe, que nós, os crescidos, só aprendemos a viver se alguém tiver a paciência de nos ajudar a parar e a olhar para o mundo com outros olhos.

Só se vê bem com o coração, dizia a raposa ao pequeno Príncipe. Aprende-se mais com os olhos do que com os ouvidos, acrescenta o padre Nuno. Que bom existirem pessoas simples e com tempo para contar histórias que nos ajudam a crescer e a acreditar que é sempre possível fazer mais e melhor.

Aviso: não leia este livro se...

Vasco Pinto de Magalhães, SJ

Este livro não é para ler, é para ouvir. E mesmo quando se lê, será melhor que seja em voz alta, íntima, como quem conta sua história junto à lareira, porque o coração ouve melhor o que é *bem dito*.

Com a idade vamos perdendo a coragem de pedir "conte-me uma história de Deus", à noite, na varanda. E é uma pena. Ouvir no escuro, sobretudo, ajuda a ver o essencial que é invisível.

Caro(a) senhor(a) leitor(a), *seja quem for*, não leia este livro se você tem medo que tirem suas máscaras, não leia se não tem tempo "a perder", se ri da poesia e não sabe ver gigantes nem pode admitir que os corações são cavalos que correm. Se pensa que "de deus não se fala, que a religião só traz violência" e se sente-se seguro no seu estatuto de "agnóstico" ou de "praticante" não leia este livro, embora lhe fizesse muito bem. Não leia este livro, nem coisa alguma, talvez apenas o código de trânsito, se pensa que este mundo não pode ir bem, que pôr-se em questão está fora de cogitação e o seu "deus" é o divertimento ou as estatísticas, porque acha que "tem o direito" de ser feliz.

Mas, senhor(a) *seja quem for*, este livro podia ajudá-lo muito a *ser quem é*.

Aliás o papel da teologia é nos revelar "quem é quem", sendo esse acerto corajoso com a verdade a porta da felicidade.

O padre Nuno Tovar de Lemos é teólogo. Bem, é mais Teófilo que teólogo. E, por isso, mais do que fazer tratados sobre Deus fala de amizade... das relações que levam e trazem Deus. Ora, é certo que só fala bem da amizade e do amigo o artista, o músico, o pintor, o contador de histórias... É o caso. Arte é beleza e empatia. E é a melhor maneira de dizer (e encontrar) quem é quem, com Quem. A beleza e a empatia falam com outra "língua", comunicam, tornam possível ficar perto e deixam o outro se aproximar, fazendo cair barreiras de medos, defesas, intelectualismos.

A primeira arte é deixar-se amar. E o padre Nuno faz isso nos iniciando com suas histórias a encontrar o outro lado da vida. Faz-nos desmontar as falsas imagens de Deus (e de nós mesmos). Grandeza não é poder nem tamanho. Deus não é mais um em concorrência conosco, é o suporte de todos. Encontra-se olhando para baixo. Deus não é o que faz ou devia fazer, é o que nos faz fazer e nos inspira.

Obrigado por este livro e parabéns, Nuno. Parabéns pela coragem de você começar a publicar assim.

Este livro inspira-se na Bíblia – claro! – e não é um tratado, nem leis sobre Deus. É uma coleção de histórias de amizade, de encontros e desencontros, hinos e cantos de saudade e desejo. Quando se ouvem por dentro, debaixo das estrelas, fazem eco e deixam ver Deus e o ser humano caminhando no deserto... mar adentro. Este livro é como quem nos diz um segredo ao ouvido: você encontrará o sentido de sua vida se for capaz de contá-la como uma história de amor.

Com muita amizade do Vasco Pinto de Magalhães, SJ.
Coimbra, 30 de abril de 2004.

Excelentíssimo Deus,

Quando uma pessoa escreve um livro sobre outra pessoa, é costume informá-la? Bem, indo direto ao assunto, se chegar aí no céu um livro chamado *O Príncipe e a Lavadeira*, ele é meu. E é sobre você. Espero que você leia estas linhas antes que falem dele para você, pois queria ser eu a lhe explicar algumas coisas pessoalmente.

Não me preocupa sua reação (você já aceitou em mim coisas bem mais despropositadas!). Preocupam-me, isso sim, reações de outros aí em cima, sobretudo de alguns mestres de teologia que aí estão e que eu respeito muito. Olhando para o livro poderão perguntar-lhe por que razão – sendo ele sobre coisas sérias – o título não é mais sério... O problema é que não é só o título, o livro, por dentro, está de fato cheio de príncipes e lavadeiras e astrônomos no alto das montanhas e anjos lendo o jornal, enquanto outros tocam harpa, e muitas outras coisas do gênero em histórias quase infantis. Gostaria que você tentasse convencê-los de que – apesar das aparências – minha intenção é falar de coisas sérias. Acredito sinceramente que se pode falar de assuntos importantes de uma maneira leve e simples. Acredito mesmo que as (poucas) coisas realmente importantes na vida são surpreendentemente simples. Se insistirem muito, diga-lhes que minha inspiração principal são as histórias simples que Jesus contava como parábolas.

Creio que muita gente pensa, como eu pensava antigamente, que você e a fé são temas extremamente complicados. Hoje penso que as nossas cabeças – essas sim – andam extremamente complicadas (por causa da importância exagerada que damos a coisas secundárias e da nossa falta de tempo para as coisas essenciais) e que, no meio de toda esta complicação, você é a única ponta a partir da qual o novelo pode se desemaranhar. Acho que entendo aquela frase do Evangelho que diz que temos de nos tornar como crianças. Entendo-a, não como um apelo a voltar atrás, mas sim como um convite a avançar no sentido da descomplicação e da busca do essencial. Ou, como Paul Ricoeur tão bem resumiu em uma só expressão: devemos procurar uma "segunda ingenuidade".

Este livro, sendo acerca de você, é naturalmente acerca do amor. Isso pode ser confuso para algumas pessoas que, nas suas vidas, tenham colocado a fé e o amor em gavetas distantes. Aquilo que tenho aprendido contigo é que, quando fazemos esse divórcio, o que depois fica nas gavetas são versões distorcidas e rebaixadas quer da fé, quer do amor. Afinal, como disse São João falando de você, "Deus é Amor". Gostaria de ter escrito um livro onde "Deus" e "Amor" fossem sinônimos ou, pelo menos, palavras que se pudessem habitualmente sentar no lugar uma da outra.

Creio – aprendi isso de você – que o amor é o único bem pelo qual vale a pena dar a vida e a única lição que interessa aprender. Estamos aqui apenas para aprender a amar. A maior dívida que tenho na Terra é para com quem me amou e se deixou amar por mim. É uma dívida infinita, que só no céu poderei saldar. No entanto, todo esse amor não tem comparação com aquele que tenho recebido de você e que – como nenhum outro – tem me estimulado a ser livre e a seguir meu próprio caminho. Gostaria de saber transmitir a quem não tem fé que a verdadeira fé de um crente é a fé que Deus tem nele. E que isso chega para transfigurar a vida de uma pessoa.

Este livro nasceu de um amontoado de textos diferentes, escritos para ocasiões muito distintas, e da tenacidade de um editor... Peço que você abençoe todas aquelas pessoas que contribuíram para que desses textos dispersos se formasse um livro, sobretudo aquelas que, no fim de uma conferência, vinham me perguntar por livros que eu tivesse publicado e me deixavam envergonhado por não ter nenhum! Abençoa todos aqueles para quem trabalho e que no dia a dia me questionam e me obrigam a recordar em voz alta aquilo em que intimamente acredito, pois é no dia a dia que os livros se geram. Penso sobretudo nos noviços da Companhia de Jesus e nos estudantes que frequentam o Centro Universitário Manuel da Nóbrega. Abençoa a Maria Archer que aceitou fazer as ilustrações e todas aquelas – tantas! – pessoas que têm me estimulado, com o seu exemplo e com suas palavras, a ser fiel a mim mesmo. De uma maneira especial, o padre Vasco Pinto de Magalhães e a Laurinda Alves, que ainda tiveram a amizade de escrever umas palavras de prefácio para este livro.

Espero, meu Deus, por aquele dia em que nos encontraremos face a face. Sei que havemos de rir às gargalhadas, recordando alguns disparates que aqui escrevi... Até lá, peço que você abençoe também a mim e a todos os que lerem este livro.

Coimbra, maio de 2004.

Uma visita guiada

É difícil ver coisas que estão longe. Mas é ainda mais difícil ver aquelas que estão *mesmo perto*. Até já pensei que talvez seja por causa disto que é difícil ver Deus, não porque ele esteja longe de nós, mas, pelo contrário, por estarmos muito perto dele, talvez mesmo dentro dele, como O PEIXE E O MAR.

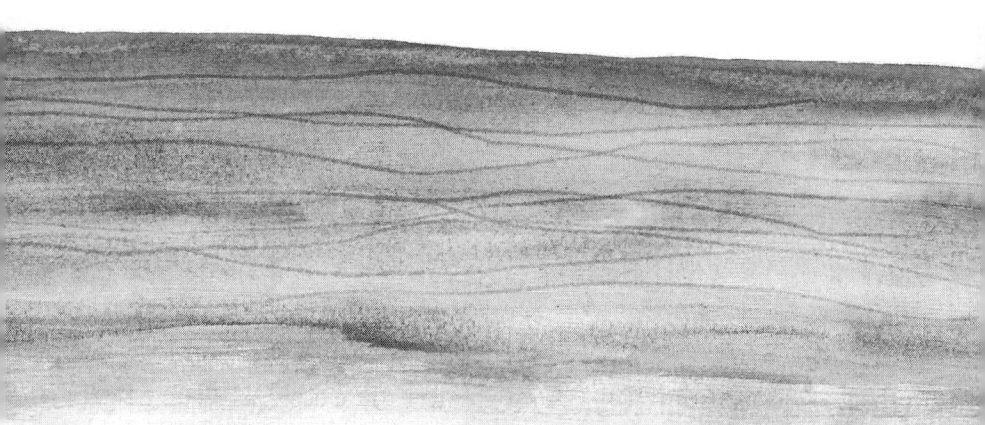

Com as saudades é parecido, quanto mais perto estamos de Deus mais saudades temos dele. Mas não imagino o que sentiremos quando o virmos face a face e estivermos mesmo a dois segundos de ele nos abraçar. Como será o seu rosto? Há tantas opiniões!...

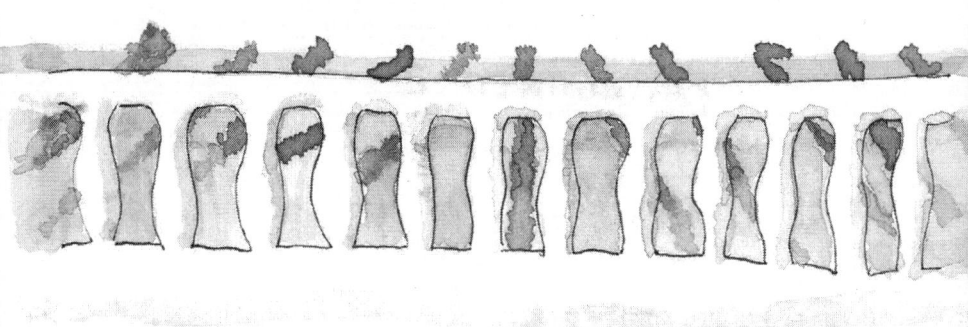

Cinco pessoas encontraram-se um dia na VARANDA que fica bem na entrada do céu. Puseram-se as cinco a conversar sobre como seria Deus: um rapaz de lenço no pescoço que era pintor, uma mulher inteligente de cabelos prateados, um senhor que não deixava a sua pasta preta, um homem de mãos calejadas e uma moça que costumava tocar violão na missa lá da paróquia. Cada cabeça sua sentença, foi uma confusão. E quem tem razão? Todos têm? Ninguém tem? Como saber?

Uma coisa é certa, se Deus existe ele deve ser *tão grande* que é capaz de criar galáxias gigantescas a milhões de anos-luz e ao mesmo tempo *tão pequeno* que consegue se esconder por dentro de tudo o que existe – mesmo que seja a menor partícula – e até passar despercebido. Mesmo quando um ASTRÔNOMO tenta observá-lo através da sua luneta no cimo do monte durante cem noites seguidas. Quase desistia sem reparar na voz que, bem ao seu lado, lhe falava! Se Deus existe, ele é mesmo diferente do habitual. Do que estamos habituados a ver e também de como estamos habituados a pensar.

No fundo, nós habitualmente pensamos que as coisas *ou* estão longe *ou* estão perto, *ou* são grandes *ou* são pequenas, *ou* são fortes *ou* são fracas. Mas Deus é diferente. Parece que troca o *ou* pelo *e*. Ele está longe e está perto, é grande e é pequeno, é muito forte e é muito fraco, tudo ao mesmo tempo e de uma maneira única que é só sua.

Talvez Deus tenha ficado assim por ser pessoalmente tão exagerado no amor. Porque, enquanto nós *temos* amor, ele *é feito de* amor. E isto faz toda a diferença, claro, faz ter comportamentos difíceis de entender. Como aquilo que se passou entre O PRÍNCIPE E A LAVADEIRA, quando o príncipe, por amor, deixou o palácio do pai e foi viver com a lavadeira na aldeia da clareira do bosque. Se nós pensamos que Deus *ou* é Deus *ou* é homem, não conseguimos entendê-lo. Nem o percebemos, caso nasça em alguma gruta desta terra e tenha de aprender a andar e a falar como qualquer ser humano.

A não ser que não nos importemos de perder o tempo que for preciso, contemplando uma NOITE DE ESTRELAS. Como o astrônomo das cem noites ou como o amante que um dia encontrei a olhar fixamente para o céu em um pequeno terraço de Roma.

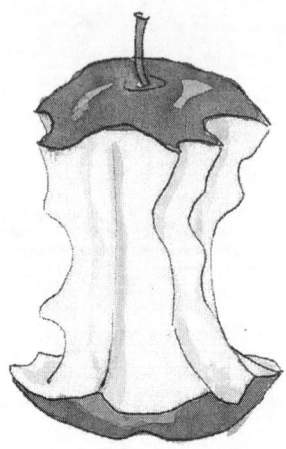

Dentro de nós há o mesmo problema do *ou* ou *e,* mas acho que é ao contrário. Às vezes gostaríamos que as coisas aqui dentro fossem *ou* brancas *ou* pretas e os sentimentos estivessem, no coração, separados, segundo as suas cores em gavetas diferentes. A vida seria muito mais simples. O problema é que, no coração, vem tudo *misturado* e cheio de *es.* Há coisas que parecem boas *e* são más, enquanto que outras parecem más *e* são boas. Uma pessoa, se não tem cuidado, se engana. Foi este o problema de Adão e Eva: a maçã era má *e* parecia boa. Um dia eu ainda gostaria de visitar o **LABORATÓRIO DE TENTAÇÕES** onde se inventou toda essa trapalhada. Se percebesse melhor o truque dos *es,* talvez começasse a ser capaz de esmiuçar os *ous*!

Não sei de onde vem toda esta agitação que nos atacou o coração e nos deixa como baratas tontas sempre à procura da metade que não temos e do lugar onde não estamos. Há quem diga que é feitiço. Acho que, antes de nascermos, alguém nos segredou baixinho que é possível sermos totalmente felizes. E acho que este segredo bom é a culpa de não nos contentarmos nunca com o que já alcançamos e querermos sempre mais. Na maternidade começamos uma viagem, que ninguém mais pode fazer por nós, à procura de uma praia que sabemos existir – embora só às vezes ouçamos ao longe o som das suas ondas – e se chama "felicidade". Mas não haverá alhures neste mundo – que é tão grande – talvez escondido em um velho **SÓTÃO**, entre cadeiras partidas e roupas de baile dos avós, algum livro com capa de couro que nos sirva de guia?

Ainda que só em um sonho encontrasse esse guia, eu o levaria sempre comigo, que sou **APRENDIZ DE VIAJANTE**, de modo que até com os meus próprios erros eu pudesse aprender.

Talvez a felicidade seja uma destas coisas que estão demasiado perto para que as consigamos ver facilmente... Ou talvez a pergunta certa nem seja a da felicidade, mas a da **MISSÃO**. Às vezes penso isso, que a felicidade é matreira e que só a encontra quem procura a dos outros, quase fingindo que para si não quer nada ou nem tem tempo para pensar no assunto.

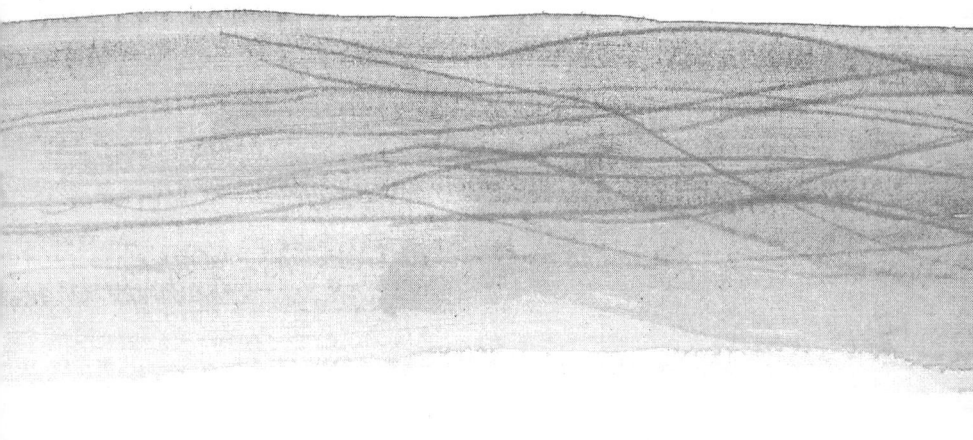

Uma visita guiada

Há quem tenha vivido assim... Um dia mandaram-me à procura de uma dessas pessoas, como se eu fosse um detetive. Chamava-se Francisco e o tenho por santo. Encontrei-o ao fim de muito tempo. Ele já quase não tinha forças, mas lhe brilhava nos olhos o mesmo feitiço do "mais" que nunca o tinha deixado parar. Ainda tive tempo de lhe ouvir dizer a sua última frase: "para a maior... glória de Deus". Ele ficou dormindo e quando olhei para ele ouvi muito perto o som das ondas. Percebi que nadava finalmente em Deus, já sem agitação. Como peixe no mar.

O peixe e o mar
Nós e Deus

Uma vez pediram a um peixe para falar do mar.
– Fale-nos do mar – disseram-lhe.
– Dizem que é muito grande o mar, respondeu o peixe. Dizem que sem ele morreríamos. Não sou o peixe mais indicado para falar a vocês do mar. Eu, do mar, o que conheço bem são só estes dez metros até a superfície. É só deles que posso vos falar. É aqui que passo o meu tempo, quase sempre distraído. Ando de um lado para o outro, à procura de comida ou simplesmente ao redor com o meu cardume. No meu cardume não se fala do mar. Fala-se das algas, das rochas, das marés, dos peixes grandes e perigosos, dos peixes pequenos e saborosos e de que temperatura fará amanhã. O meu cardume é assim: eles vão e eu vou atrás deles.
– Mas você, que é peixe, nunca sentiu o mar?
– Creio que o sinto, às vezes, ao passar pelas minhas guelras. Algumas vezes eu o sinto, outras não. Às vezes eu o sinto, quando não me distraio com outras coisas. Fecho os olhos e fico sentindo o mar. Isto tudo de noite, claro, para que os outros não vejam. Diriam que sou louco por dar tempo ao mar.

– Então você conhece o mar. Você pode nos falar do mar?
– Sei que é grande e profundo, mas não quero enganar vocês. Sei de peixes que já desceram ao fundo do mar. Quando os ouvi falar percebi que não conheço o mar. Perguntem a eles, que saberão falar do mar para vocês. Eu nunca desci muito fundo. Bem, talvez uma ou duas vezes... Um dia, as ondas eram tão fortes que eu tive de me deixar levar muito fundo, para não morrer. Nunca tinha estado ali e nunca esquecerei que lá estive. Apenas sei falar bem da superfície do mar...
– Foi ruim, quando você desceu? Por que voltou à superfície?
– Não foi ruim. Foi muito bom. Havia muita paz, muito silêncio. Era como se lá fosse a minha casa, como se ali eu estivesse inteiro.
– Por que você não voltou lá para o fundo? Por preguiça?
– Às vezes acho que é preguiça, outras vezes acho que é medo.
– Medo? Mas você não disse que era bom? Medo de quê?
– Medo do desconhecido, medo de me perder. Aqui na superfície já estou habituado. Adquiri um certo estatuto para mim mesmo. Controlo as coisas ou, pelo menos, tenho a sensação de controlá-las. Lá em baixo não sei bem o que me pode acontecer. Estou todo nas mãos do mar.
– Você teve medo, quando chegou ao fundo do mar?
– Não tive medo algum. Era tudo muito simples... E, no entanto, agora tenho medo... Mas eu não cheguei ao fundo do mar! Apenas estive menos à superfície.
– E que dizem os outros, os que estiveram lá?
– Dizem coisas que eu não entendo. Dizem que é preciso ir para saber. E dizem que não há nada de mais importante na vida de um peixe.
– E explicam como se vai?
– Aí é que está. Explicam que não se chega lá por esforço, que só podemos fazer esforço em nos deixar ir. Que é só o mar que nos leva ao mar.

Então veio uma corrente mais forte que o fazia descer. O peixe tentou lutar contra ela com todas as forças que tinha, à medida que via distanciarem-se as coisas da superfície. Talvez para sempre... Mas depois fechou os olhos, confiou e já sem medo deixou-se ir.

A varanda
Quem é Deus?

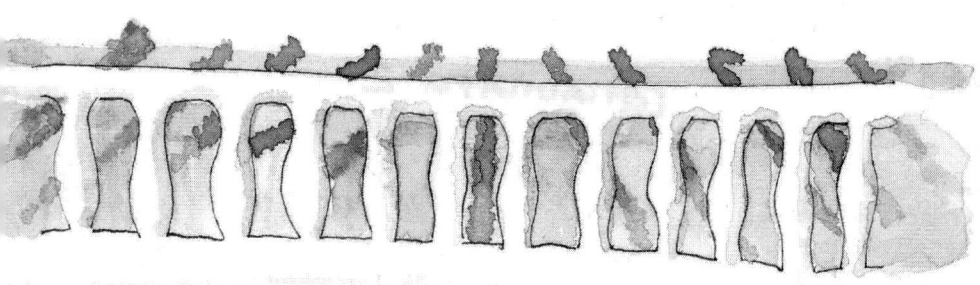

Apresentado em Fátima, em fevereiro de 1999, na XV Semana de Estudos sobre a Vida Consagrada, com o título de "As diferentes imagens de Deus – consequências pastorais".

Enquanto me levavam, uma frase de São Paulo não me saía da cabeça: "Hoje vemos como por um espelho. Então veremos face a face" (1Cor 13,12).

Lembrei-me de ter lido em algum lugar que no tempo de São Paulo os espelhos não eram exatos como os de agora, mas eram de tal forma cheios de altos e baixos que deformavam toda a imagem que refletiam. Até ali eu o tinha visto como em um espelho, sempre em imagens deformadas. Agora não. Agora eu o iria ver face a face.

Face a face! Tinha esperado por este momento a minha vida inteira e agora – enquanto me levavam – não conseguia deixar de me perguntar como seria afinal a sua face. Não sentia medo, nem sequer ansiedade. Apenas um enorme desejo de contemplar o seu rosto.

Chegamos diante de uma porta e explicaram-me que deveria esperar ali um pouco, antes de ver a Deus. Entrei. Era uma pequena varanda sobre um vasto jardim bem cuidado. A luz de fim de dia enchia aquele espaço de uma enorme paz que imediatamente me contagiou.

Conversas na varanda

Três pessoas conversavam, sentadas naquela varanda sobre o jardim. Voltaram-se quando entrei e convidaram-me a entrar na conversa, como se sempre me tivessem conhecido. Chamou-me desde logo a atenção a diversidade daquele grupo. Havia uma senhora de meia idade e de cabelos prateados que parecia ter vindo diretamente da sala de conferências de alguma universidade. Tinha a face séria de quem investiga assuntos importantes e trazia consigo um livro que se chamava *A Demanda do Sagrado*.

À sua frente sentava-se descontraidamente um rapaz de cabelos desmazelados e lenço no pescoço, que ali se encontrava como quem está há horas à mesa de algum café. Tinha na orelha direita um pequeno brinco e na mão um pequeno frasco com essência de azul-turquesa.

E para completar essa conjugação, já de per si tão improvável, havia ainda um homem simples de idade avançada e mãos calejadas. Trazia consigo um terço que segurava esquecidamente enquanto tomava parte, animadamente, na conversa. Dizia a senhora dos cabelos prateados que sempre tinha tido a certeza de que existiria um *Ser Supremo*. "Seria impossível – dizia ela – haver apenas entes sem uma fonte da qual esses entes recebessem o ser". A metafísica, como ciência suprema, mostrava claramente a existência de uma realidade transcendente, a perfeição, o Ser com maiúscula, o Ser Supremo. Um tal ser existiria, pois, necessariamente. Para além disso, se não existisse um tal ser, de onde viria a enorme sede de absoluto que nasce com cada ser humano e não o deixa descansar enquanto não encontra a verdade? Durante muitos anos estive convencida de que o sagrado era a energia do universo. Finalmente, acabei por perceber tratar-se verdadeiramente de um ser a quem ela, no desconhecimento do nome, preferia chamar simplesmente de "Ser Supremo". Tinha percorrido muitas terras e muitos livros para desvendar o seu mistério. Interrogava-se agora por qual nome deveria tratá-lo quando o visse face a face. "Ser Supremo" parecia-lhe exageradamente frio, impessoal...

– A senhora desculpe – interrompeu o homem das mãos calejadas – eu não tenho instrução. Não estudei, sabe, só o meu irmão mais novo é que já foi à escola. Mas olhe que não é assim tão complicado. Quando chegar lá, eu vou tratá-lo pelo seu nome, como sempre o tratei: *Pai Eterno*. Até já pensei como vou fazer: Quando os anjos me levarem diante do Pai eterno, e eu estiver rodeado pelos santos, primeiro farei uma reverência a Santo Antônio, que sempre me ajudou muito, depois farei uma reverência à Nossa Senhora e só então é que me ajoelharei diante do Pai eterno. Então eu lhe direi uma oração que o meu pai me ensinou quando era pequeno:

> Pai eterno celestial, minha esperança, meu bom Deus, livrai-me de todo o mal e levai minh'alma aos céus.

A senhora do cabelo prateado o olhava encantada e pensava como por vezes uma vida inteira não é suficiente para se reencontrar a simplicidade que em criança se perdeu. "Fale-me do Pai eterno – pediu-lhe – como ele é?"

– Ah senhora, não sei, a senhora é que deve saber melhor que eu. Eu tenho cá para mim assim: um senhor já velho com barba e olhando para frente. Pelo menos lá na minha paróquia havia uma Santíssima Trindade em tamanho natural e o Pai eterno estava olhando para frente. E claro que tem barba. Pelo menos, quando ele estava fazendo o Adão do pó da terra tinha barba.

– E você? – Perguntou a senhora com curiosidade ao rapaz com o lenço no pescoço – Quem espera encontrar?

O rapaz com o lenço olhava, perdido, a vastidão dos campos. "Eu fico extasiado diante do verde – dizia ele pausadamente, sem desviar o olhar. – Sempre tentei reproduzir nas minhas telas pedaços do mistério que nos envolve".

– Lembro-me de quando pintei o meu primeiro quadro. Era uma natureza-morta e fiquei trabalhando nele uma noite inteira. De manhã, quando dei a obra por terminada, lavei os pincéis e voltei a olhar para a tela. Não queria acreditar que eu próprio a tinha criado. Não pensava ser capaz. As cores, as sombras, os volumes... era mesmo eu quem tinha feito aquela tela?! Estive uma hora inteira a contemplá-la. Que estranho: era minha e já não era. Nunca tive um filho, mas pensei que seria assim, talvez, a sensação de ser pai. Pensei que seria assim, talvez, a sensação de ser Deus. Será que ele fica contemplando quando cria? Eu o imagino extasiado. Imagino-o exultante de alegria com o verde das montanhas, com o ondular dos cabelos tocados pela brisa e com os passos de cada ser humano.

– Sim – interrompeu a senhora dos cabelos prateados –, mas como ele se chama? E como é o seu rosto? Ele?! Ela? Como poderemos algum dia saber? Os artistas, no fundo, não têm nome. O nome e o rosto de um artista são a sua obra. Este, chama-se *Universo* e o seu rosto está cheio de estrelas. O seu corpo são montanhas, banhadas por oceanos. Faz vento quando respira. Chove muito quando chora. Orvalha, apenas, se se comove. Ah – disse ele olhando o jardim –, fico extasiado diante do verde.

Olhamos a vasta relva do jardim. Era de fato muito bonita, cheia de diferentes tonalidades de verde, sob aquela luz do entardecer que continuava a encher a paisagem e a varanda. Foi então que vimos dois anjos que caminhavam em nossa direção, trazendo um homem com uma pasta preta na mão. Não tardou a abrir a porta da varanda e a pedir licença para entrar. Estava nervoso. Cumprimentou-nos, mas a sua atenção estava posta na própria varanda, que ele examinava cuidadosamente. Ficamos desconcertados. O homem das mãos calejadas apressou-se a oferecer-lhe uma cadeira, enquanto a senhora dos cabelos prateados perguntou-lhe se poderíamos ajudá-lo. Mas ele continuava absorto.

– Estranho. Para além da porta por onde entrei há apenas aquela outra porta no fundo da varanda?! Deve haver por aí mais outra porta. Certamente disfarçada, para não assustar...

– Sente-se e respire – aconselhou o rapaz com o lenço. – Portas, é só lá embaixo. Isso aqui é só ar livre! Livre trânsito!

Isso é o que você pensa, que ainda não enfrentou o julgamento eterno – respondeu ele muito prontamente. – A questão não é o livre trânsito, é o livre arbítrio! É melhor que você se prepare. Ou talvez você tenha razão. Já não adianta. O melhor agora é respirar e apreciar a paisagem. A minha mulher é que tinha razão ("Você ainda irá se arrepender!"). Agora seja o que Deus quiser! O pior é a outra porta. Onde estará ela? Tenho a certeza de que se vai abrir aí em algum lugar na parede uma porta dissimulada.

– Que porta seria essa? – Perguntou a senhora do cabelo prateado, com sincera curiosidade intelectual.

– Ó, minha senhora! Então não sabe que neste momento Deus está fazendo justiça acerca das nossas vidas e decidindo que porta vai abrir para nós? A porta do céu leva à visão beatífica. A "outra porta", é melhor nem falarmos!...

– Então você acha – perguntou o rapaz com o lenço – que alguém está neste momento fazendo o balanço das nossas vidas? Quem é e como se chama tal ser?

– Como se chama? Ora essa! Deus, o *Justo Juiz*, o Altíssimo! Está na Bíblia, você não aprendeu? "À sua direita colocará as ovelhas e à sua esquerda os cabritos".

– Criou-nos para nos observar, para ver que caminho escolheríamos. E realmente não podemos dizer que não nos avisou. Deu-nos os mandamentos, nos falou por meio da voz da nossa consciência, nos deu oportunidade de fazermos penitência e se dispôs a nos perdoar sempre que nos arrependêssemos. Mas espera muito de nós. Já lá diz a Bíblia que Deus levanta o que não depositou e colhe o que não semeou... Trago há anos comigo esta pasta cheia de livros, mas infelizmente não consegui ler todos eles. Tenho livros sobre os mandamentos, tenho encíclicas, catecismos, manuais de penitência. Está tudo aqui. Tudo.

Fez-se silêncio na varanda. A senhora do cabelo prateado procurava interiormente qualquer argumentação convincente que pudesse acalmar essa alma torturada. O homem simples das mãos calejadas fixava os olhos no chão, pensava nos seus pecados e deixava o seu coração mover-se como um pêndulo entre o medo do castigo e a confiança na misericórdia do Pai eterno. O rapaz com os cabelos desmazelados e com o lenço no pescoço esboçava nos lábios um sorriso irônico enquanto observava o seu frasco de essência de azul-turquesa.

Foi nesse momento que se abriu de novo a porta e eu vi espreitar o mesmo anjo sorridente que tinha me levado até ali. Trazia desta vez consigo uma moça aí dos seus dezoito anos. Vinham bem carregados. A moça trazia a tiracolo um violão cheio de adesivos. O anjo transportava para ela uma mochila de cores vistosas que pôs ali, sobre uma cadeira, sem fazer barulho.

– Adeus – disse a moça ao anjo –, teremos muito tempo para continuar a conversa.

O anjo sorriu e fechou a porta. A moça cumprimentou cada um de nós, sem pressa. O jovem com o lenço ficou visivelmente alegre por ter chegado alguém da sua idade e logo quis começar uma conversa.

– Você gosta de tocar violão? Talvez seja melhor você aproveitar agora, pois este senhor aqui diz que alguém, neste preciso momento, está fazendo as contas das nossas vidas para saber se nos abrirá a porta da felicidade ou a porta da desgraça!

A moça olhou ternamente para o senhor da pasta preta e pôs as suas mãos sobre as dele.

Agora já não é necessário ter mais vergonha. Vou cantar para você uma música que eu própria fiz, lá para o grupo da paróquia. Pediu então que déssemos as mãos. O que foi bastante estranho e ao mesmo tempo curioso. A senhora dos cabelos prateados foi a primeira a apoiar. "Vá, vamos lá, vamos dar as mãos. O tempo dos embaraços já passou". O rapaz com o lenço ofereceu logo a sua mão direita à moça, mas esta acenou dizendo que não podia, por causa do violão. Apresentou então a sua mão esquerda ao homem das mãos calejadas, que teria recusado não fosse algum medo que agora sentia do juízo final. A moça começou então a tocar e tocou tão bem que encheu a varanda de acordes suaves, entoando com voz angelical uma canção dirigida a Deus:

> Sinto, Senhor, a tua presença, sei que me amas mais que ninguém, no ar que respiro, em cada lembrança, a minha ternura é tua também.

O refrão era extremamente lento e bonito e dizia apenas "Senhor, Senhor, eu sinto que estás aqui". Foi, de repente, como se tivéssemos entrado todos em retiro. Ficamos verdadeiramente tocados.

O senhor da pasta, agora mais relaxado, foi o primeiro a falar: "Meus parabéns. Você tem muito boa voz e graças a você eu já estou mais calmo. Mas não será um pouco – como dizer? – um pouco romântico demais? Não sei se os pastorinhos de Fátima teriam vontade de cantar essa música depois de terem tido a visão do inferno!"

– Inferno?! – exclamou a moça – haverá inferno? Antigamente é que não se entendia aquilo que se diz na Bíblia, que "Deus é amor". Ora, se Deus é amor, como é que pode condenar alguém? Aliás, nós não estamos aqui justamente à espera de ver Deus? Diante de nós há só o céu. Olhe, Deus já está de braços abertos à sua espera para o abraçar.

– Ah sim? E os pecados? – Recordou o senhor da pasta.

– Os pecados serão perdoados nesse abraço. Não leu a parábola do Filho Pródigo? É isso mesmo, Deus já vem ao nosso encontro, ele é o nosso *Melhor Amigo*.

– Então Deus é o Melhor Amigo?! – Exclamou a senhora do cabelo prateado, enquanto tentava pensar na sua cabeça se o Ser Supremo poderia também ser, simultaneamente, o nosso melhor amigo. Estava confusa. Seria o Ser Supremo simplesmente o Universo inteiro em toda a sua grandeza, como parecia pretender o rapaz com o lenço no pescoço? Ou seria, pelo contrário, o Pai Eterno que o homem das mãos calejadas tinha visto em um retábulo da sua igreja? Ou seria o Justo Juiz que o senhor da pasta tanto temia? Ou ainda o Melhor Amigo acerca de quem a moça do violão falava com tão surpreendente familiaridade?

Eu permanecia calado. Desde há muito tinha aprendido que nós, os padres, não devemos nos armar em donos da verdade e, para dizer francamente, depois de toda aquela conversa, não saberia bem por qual ponta começar. Além do mais, sentia um certo alívio em já ter cumprido a minha missão na Terra e de agora poder me dar ao luxo de estar ali, simplesmente, calado como mais um simples mortal. Mas o luxo não duraria muito.

– O senhor – disse o homem das mãos calejadas, olhando fixamente para mim –, o senhor tem uma cruz no casaco. É muito pequena, quase não a via, mas agora vejo bem que é uma cruz. O senhor deve estar relacionado com Deus. O que faz?

Tinha todos os olhares daquela varanda cravados em mim.

– Eu... – disse como quem não quer dar demasiada importância ao assunto – eu sou sacerdote.

Padre! – Exclamaram todos de um pulo – E só agora nos diz! O senhor é a pessoa certa para nos livrar desta tamanha confusão. Deve ter ouvido milhares de homilias, deve ter lido centenas de livros, deve ter falado inúmeras vezes acerca de Deus. Certamente serão sem conta as horas que passou em meditação ao longo da sua vida. Diga-nos, pois: Quem é Deus? Quem nós iremos encontrar dentro em breve?

Deus sob medida?

O choque deve ter sido tamanho que quando dei por mim estava sozinho, sentado no chão com tapetes da pequena capela onde rezo todas as manhãs. Meu Deus, eram já nove e meia da manhã! Como é que eu pude adormecer mais uma vez no meio da meditação? E que sonho tão estranho! Onde é que eu estava? Na sala de espera do céu? Uma varanda! Que disparate!

Aos poucos fui me recordando de cada detalhe do meu sonho e senti quase saudades daquelas cinco personagens. Pensei que era idiotice ter saudades de personagens da fantasia, mas acabei por concluir que se assemelhavam muito a outras pessoas, que, ao longo dos anos, realmente tinham cruzado o meu caminho e tinham me falado de Deus. Era talvez por isso que eu tinha saudades.

Pensei que hoje em dia há tantas ideias diferentes de Deus que quase temos a sensação de que cada pessoa tem o seu modelo de Deus, como se se tratasse de um fantástico *prêt-à-porter*[1], em que cada um vai buscar a sua fé: "Eu tenho aqui comigo a minha fé".

Há quem tenha medo de Deus, como o homem da pasta, e viva aterrorizado com a ideia de, no fim, não passar pelo exame da vida. Deus aparecia-lhe, acima de tudo, como uma fonte de princípios retos que

---

1 A expressão prêt-à-porter significa "pronto a vestir" e foi criada pelo estilista francês J.C. Weil, no final de 1949, depois do fim da Segunda Guerra Mundial. Este novo conceito foi responsável pela difusão da moda e da adequação aos consumidores. O prêt-à-porter revolucionou a produção industrial, pois passou a ser possível criar roupas em grandes escalas industriais, de melhor qualidade, oferecer uma grande praticidade, além da variedade não só de estilos, mas também de preço, e lançar novas tendências. (N. do R.)

devia cumprir. O homem da pasta preta tinha a sua mala certamente cheia de bons princípios. Mas o seu coração estava cheio de medo.

Esta não é, no entanto, a imagem mais popular nos dias de hoje. Entre os jovens, sobretudo entre os jovens urbanos, Deus aparece frequentemente como o melhor amigo, uma espécie de amigo secreto e invisível que está sempre lá nas horas de aperto e que por vezes se sente muito perto. Sentir é importante. Era essa a ideia que tinha de Deus a jovem do violão. Uma fé à flor da pele.

Para muitas outras pessoas, no entanto, a realidade que realmente as impressiona não é tanto Deus – nem saberiam que conteúdo dar a essa palavra – mas o Universo, o Cosmos. Desde sempre a fé teve de se confrontar com a tendência panteísta. Hoje, porém, essa tendência está facilmente revestida de conotações científicas. Fala-se de Deus em termos quase científicos, como "energia universal", por exemplo. Frequentemente essa tendência está também associada hoje em dia a preocupações ecológicas. A natureza transforma-se no "santuário" por excelência, um santuário que facilmente se torna divindade. O rapaz com o lenço é uma ilustração disso. A senhora do cabelo prateado tinha de aparecer, mas representa uma espécie hoje bastante rara, quase em vias de extinção, representa aqueles que chegam a Deus como resultado das suas investigações meramente intelectuais e das suas buscas racionais. É uma espécie rara, talvez porque a nossa confiança no poder da razão humana está hoje bastante ameaçada.

O homem das mãos calejadas, o homem que acredita simplesmente, mesmo sem especulações filosóficas ou grandes questões críticas, não parece desaparecer tão facilmente quanto o mito do progresso faria supor. Mesmo depois de deixar as enxadas é ainda com as mesmas mãos calejadas que ele se põe a rezar. Uma fé "pé no chão".

Pensei que muitas outras personagens poderiam ter aparecido em meu sonho, mas que essas cinco já bastavam para lançar um problema. Está certo que cada pessoa tenha a sua imagem de Deus? Não há uma imagem de Deus que é a correta, a verdadeira? Que pensar de tanta diversidade? E que fazer quando alguém, em alguma varanda, nos fala de um Deus diferente do nosso?

Quatro princípios para se falar de Deus

Parece-me que há quatro princípios que não devemos esquecer quando falamos com alguém acerca de Deus ou pensamos, para nós próprios, qual será o rosto de Deus. O primeiro é que:

Deus é "mistério"

Quando digo essa palavra não estou dizendo que Deus não pode ser conhecido, mas sim que Deus pode ser sempre melhor conhecido. "Mistério" – em sentido teológico – é aquela realidade da qual sempre descobrimos aspectos novos, sem que se esgote. Deus é mistério porque Deus é inesgotável. Deus é sempre maior. Deus é maior que a mente de qualquer pessoa, seja ela quem for, e é até mesmo maior que todas as mentes do mundo. E é certamente maior que qualquer retrato que dele possamos pintar com as nossas palavras.

Deus não tem muitos rostos, tem um só. Mas assim como um cristal pode ser visto de muitos lados e de cada lado é visto de um modo diverso; assim também, do rosto único de Deus, cada ser humano, cada comunidade, cada época da história, cada cultura retém alguns traços e imagens sempre necessariamente parciais e limitados. Há por isso, ao lado de falsas imagens de Deus, muitas possíveis imagens de Deus, todas elas verdadeiras, imagens que, não sendo incompatíveis, são, no entanto, realmente diversas. Essa multiplicidade é boa.

Isso significa que ninguém tem neste mundo a palavra última e definitiva sobre Deus. Ninguém tem a verdade de Deus no bolso. Ninguém poderá dizer: "depois do que eu lhe disser sobre Deus você não precisará continuar com sua busca". Podemos até fazer afirmações totalmente verdadeiras – como, por exemplo, que Deus é amor – mas ainda aí a nossa compreensão não nos permite entender senão uma pálida imagem da verdade que dizemos: "Amor".

Ninguém tem a verdade absoluta sobre Deus. Mas então, e a Igreja? Estará a Igreja simplesmente à procura de Deus como o resto da humanidade? Não, a Igreja tem com ela o caminho para Deus, ou seja, Jesus Cristo. Quando Tomé pede a Jesus que ensine o caminho para Deus, a resposta de Jesus é bem clara: "Eu sou o caminho" (Jo 14,6). É esse caminho – Jesus Cristo – que foi comunicado e confiado à Igreja. Nisso a Igreja – por causa da missão que Deus lhe confia – encontra-se em uma situação única.

Mas atenção, a Igreja tem também, ela própria, de percorrer esse caminho, que vai conhecendo só na medida em que ela o for percorrendo. Mesmo dentro da Igreja, Deus continua a ser mistério. Um mistério que progressivamente vai se dando a conhecer ao longo dos séculos. Seremos sempre ao mesmo tempo apóstolos e discípulos, mestres e aprendizes.

A primeira verdade é esta, que Deus é mistério. E a primeira consequência que devemos tirar dela é bem simples: qualquer pessoa que cruze o nosso caminho, mesmo que seja um rapaz com cabelos desmazelados e um lenço no pescoço, pode nos revelar algum aspecto importante do rosto de Deus. Daí que a nossa atitude não pode ser uma atitude de quem sabe tudo, mas uma atitude de quem quer aprender. Somos sempre aprendizes e peregrinos de Deus e os nossos companheiros de peregrinação não são só os nossos irmãos na fé, mas a humanidade inteira.

O segundo princípio é ultrapassar a dicotomia exageradamente simplista entre "ser crente" ou "ser ateu", "ter" fé ou "não ter". Dizendo isto de outro modo:

Todo crente é um ateu

Tem acontecido frequentemente – conversando com alguém que se diz ateu – comigo de eu me sentir de imediato em uma total e sincera sintonia de pontos de vista com essa pessoa. Esse Deus que ele rejeita e afirma não poder existir, também eu rejeito e julgo sinceramente não poder existir.

Por isso, não nos devemos impressionar se esse alguém diz não acreditar em Deus. Em que ideia de Deus não acredita? Talvez essa pessoa nos responda: "não posso acreditar em um Deus que anda permanentemente atrás de nós para nos apanhar em falta e nos levar para o inferno". Ou então: "não posso acreditar em um Deus que nos criou e depois nos deixou sozinhos com a nossa liberdade". Terá toda a razão. Ainda bem que é ateu. *Desse* Deus eu também sou ateu. *Esse* Deus eu não acredito que exista ou que alguma vez pudesse existir.

Ou seja, ateus somos todos nós, os crentes. Somos todos ateus de falsos deuses. A verdadeira questão não é tanto saber se alguém acredita ou não em Deus, mas em que Deus acredita ou que Deus rejeita. Dizendo isto em linguagem bíblica: ter fé implica sempre desconstruir "falsos deuses", ídolos com a forma de "bezerros de ouro", que são meramente fruto das nossas projeções e dos nossos medos, como fez o povo de Israel no deserto (Ex 32).

Mas como distinguir então uma verdadeira imagem de uma falsa imagem de Deus? Isso nos leva a um terceiro princípio:

Só Deus pode dar a conhecer a si próprio

Ou seja, pela simples reflexão racional, no cantinho de nosso quarto, podemos chegar à conclusão de que existe um ser supremo, mas não chegaremos a saber quem é. É como se parássemos diante de uma casa, que sabemos ser habitada, e até víssemos a sombra de alguém passar por detrás das cortinas da janela fechada, mas tivéssemos que esperar que o dono da casa viesse à porta e se mostrasse para conhecermos sua identidade. O abrir da porta, o remover do véu que esconde de nós o rosto de Deus é aquilo a que chamamos "revelação".

Este princípio da revelação é importante. Deus não é um "tema" qualquer deste mundo sobre o qual pudéssemos tirar conclusões e dar opiniões. Deus é Deus. Deus está infinitamente acima de nós e definitivamente para além da nossa capacidade lógica. Qual de nós pode dizer da sua própria cabeça: "Eu acho que Deus é desta maneira, eu sinto que Deus é assim..."? Uma pessoa não pode dizer de Deus o que muito bem entende só porque "sente" que é assim. Mas, para a nossa salvação, Deus saiu da sua intimidade e se revelou. Primeiro se revelou indiretamente, no Antigo Testamento, através de acontecimentos e de profetas. Finalmente, "nestes tempos que são os últimos", revelou-se através do seu próprio Filho.

Um dia, Filipe, certamente entusiasmado por Cristo estar sempre falando do Pai, pediu-lhe: "Senhor, mostra-nos o Pai e isso nos basta". Jesus não se esquivou: "Estou há tanto tempo convosco e não me conheces, Filipe? Quem me vê, vê o Pai!" (Jo 14,8-9). E São João, no seu evangelho, põe a questão de um modo muito claro: "Ninguém jamais viu a Deus. O seu Filho único é que o deu a conhecer" (Jo 1,18).

A fé na revelação é também o princípio da nossa liberdade no anúncio de Deus. Como São Paulo tão profundamente sentiu, "não pregamos a nós mesmos, mas ao Senhor" (2Cor 4,5). Porque o Deus que anunciamos não é uma invenção nossa, quando o anunciamos e nos rejeitam não nos culpamos: é ao Senhor que rejeitam. E quando o anunciamos e nos aceitam não ficamos dependentes: é ao Senhor que aceitam. A nós compete, simplesmente, sermos, no anúncio, fiéis à revelação.

Dessa terceira verdade, que Deus se revelou a si próprio, segue-se naturalmente uma quarta verdade ou princípio:

Uma imagem de Deus é verdadeira (ou falsa) na medida em que corresponde (ou não) à revelação.

Esse princípio terá, estou convencido, uma importância cada vez maior nas discussões sobre Deus. Cada vez mais aparecem na nossa cultura pessoas a nos confrontar com ideias bizarras sobre Deus, trazidas de alguma pequena seita estranha ou ideologia religiosa do ocidente ou do oriente. O estranho atrai. Mas como responder a essas ideias?

Por exemplo, há tempos alguém me perguntou (seguindo a sugestão de um filme que tinha visto) se Deus não seria um ser sádico que nos criou para se divertir conosco e assim calar a sua solidão. Como responder? Não adiantará talvez muito contra-argumentar que Deus é bom. Essa pessoa encontrará vários exemplos para insistir que Deus é sádico.

Uma conversa inteligente sobre a hipótese de um Deus sádico deveria, em minha opinião, passar por responder: "Não sei onde é que foi buscar essa ideia, mas quando Deus se revelou, revelou-se como alguém que quer o bem do ser humano e não se diverte às suas custas. Jesus Cristo falou dele como um Pai de amor".

Essa pessoa nos perguntará, então, por que razão tomamos a revelação cristã como o critério de verdade sobre Deus. E aqui a resposta é uma só, e tem de ser pessoal: "Tomo a revelação cristã como critério último de verdade sobre quem é Deus porque acredito na pessoa de Jesus Cristo. É dele que sei quem é Deus, tal como é dele que sei o que significa ser humano. Jesus Cristo é para mim a fonte absoluta da verdade. Acredito nele. É um ato de fé". E como sei eu que Cristo não engana quando fala de Deus? Como sei eu que o que diz não é falso, embora seja tão fascinante? "Sei que Cristo não me engana quando fala de Deus porque também já constatei que não me engana quando fala da vida. Quanto mais sigo o que ele diz tanto mais a vida ganha sentido e eu me torno uma pessoa melhor e mais livre". Mas, evidentemente, essa confiança, assim depositada na pessoa de Jesus Cristo, é uma decisão pessoal, uma opção já não demonstrável, embora apoiada em alicerces fortes e credíveis, uma opção de fé, que supõe a própria pessoa fazer a experiência de uma vida com Cristo a partir da qual possa constatar a credibilidade deste caminho. A fé – como o amor e como a vida em geral – só pode ser bem pensada depois de – de algum modo – ser experimentada.

Concluindo: Jesus Cristo – assim o entendemos nós, os cristãos – é o ponto de discernimento último acerca da validade das diversas ideias sobre Deus. É ele que nos permite criticar e ultrapassar falsas ideias de Deus produzidas seja no interior da Igreja, pela própria piedade cristã, seja no interior de outras tradições religiosas. E é também ele que permite reconhecer o valor e a fecundidade de discursos sobre Deus nascidos seja no interior da piedade e da teologia cristãs, seja no interior de outras tradições religiosas.

De novo na varanda

Que dizer então das várias imagens de Deus que apareceram no sonho, naquela varanda na entrada do céu?

Antes de mais nada, não admira que diferentes pessoas tenham diferentes imagens de Deus, já que, do mistério inesgotável, cada pessoa pode captar melhor um determinado aspecto importante. Por outro lado, também é verdade que cada pessoa tem de aprender o que falta à imagem que tem consigo, confrontando a imagem que tem de Deus com os dados da revelação. Por exemplo:

É de admirar a sensibilidade que o jovem com o lenço personificava perante a natureza, pressentindo o seu caráter quase sagrado. Mas a revelação cristã nos diz que sagrado mesmo é só Deus. Uma imagem panteísta de Deus, confundindo Deus com o Universo, deve aprender que Deus é maior que toda a criação. Da revelação, aprendemos que *Deus é criador*. É de ficar tocado perante todos aqueles para quem a fé é simples e direta, como o homem das mãos calejadas. Não teremos todos uma certa nostalgia de uma espontaneidade e uma simplicidade quase infantis perante Deus? No entanto, a Santíssima Trindade não é do tamanho natural da estátua lá da paróquia, nem Deus tem necessariamente barba porque aparece assim retratado em uma pintura. Da revelação, aprendemos que *Deus é mistério*, maior que qualquer imagem que dele possamos fazer.

É de ter respeito por todos aqueles que procuram sinceramente Deus pela via pura da razão, como a senhora dos cabelos prateados. Outros em seu lugar se refugiariam no niilismo. No entanto, depois de se abrir a Deus a inteligência ainda falta abrir-lhe o coração e descobrir, para além de um ser abstrato, o salvador pessoal do qual fala a boa nova cristã. Da revelação, aprendemos que *Deus é pessoal*, que *Deus é Pai*.

É de se ficar tocado com a retidão interior daqueles que, por quererem tanto cumprir a lei de Deus, chegam a ter medo do juízo final (como, no sonho, o homem da pasta). Quantas pessoas já alargaram a sua consciência ao ponto de quase não distinguirem o bem do mal! No entanto, não basta conhecer a retidão que Deus nos propõe, é preciso conhecer também a sua infinita misericórdia, o seu paternal sentido de humor perante as nossas repetidas fraquezas, a incondicional fidelidade do seu amor. Da revelação, aprendemos que Deus é não só justiça, mas sobretudo misericórdia, que *Deus é amor incondicional*. Uma relação com Deus baseada no medo ainda não começou a entender quem ele é.

Sentimos uma natural empatia por aquela moça que tira o violão da capa e fala – a partir do coração – de um Deus que é todo amor e que não é mais nada senão amor. Que mais se pode dizer de Deus? No entanto, é preciso que ela cresça e aprenda que o amor não é só sentimento e que Deus é muito mais que o nosso "amigo secreto". Deus, para além de amigo, é o nosso salvador, e o seu amor por nós passou por uma cruz, cujas marcas trazem nas suas vidas todos aqueles que se dispuseram a segui-lo até o fim. Há até ocasiões em que não apetece nada tirar o violão da capa e cantar, e em que não sentimos Deus, e em que – no entanto – podemos estar extraordinariamente unidos a ele. Aprendemos com a revelação que *de Deus não se pode falar se não se falar da cruz*.

Quem esperaríamos nós encontrar, se hoje nos encontrássemos em uma varanda à entrada do céu? Que imagem temos nós de Deus? Alegra-me a certeza de que não temos de saber responder a essas perguntas para que possamos nos encontrar com aquele que nos cria e nos chama e que nós – apesar de todos os nossos pecados e ambiguidades – amamos sinceramente. O amor é maior que a nossa capacidade de o verbalizarmos. Chegará um dia em que não o veremos mais confusamente, através de espelhos rugosos, mas diretamente, face a face, como dizia São Paulo. Por enquanto, resta-nos procurá-lo sinceramente e pedir-lhe com humildade: "Senhor, mostra-nos o teu rosto".

O astrônomo e a brisa da noite
A criação

Texto escrito para uma noite de observação de estrelas promovida pelo CUPAV – Centro Universitário Padre Antônio Vieira – de Lisboa.

"Eu sei que você está aí!" – Gritou de novo o astrônomo, sozinho, no meio da noite. O frio entrava-lhe pelas mangas, o pescoço lhe doía de tanto olhar para o céu. "Deus, eu sei que você está aí. Dê-me um sinal da sua presença". Mas mais uma vez ninguém respondeu.

– Sei que você está aí, Deus Antigo, Deus Imenso – sussurrou o astrônomo. Sei que você se move devagarinho enquanto as estrelas avançam, lentamente, pela noite. Sei que você estende os seus braços por milhões de anos-luz até às galáxias distantes. Sei que você é muito grande e que brinca com Saturno quando você o esconde no horizonte. Sei que no seu jardim você planta constelações feitas de estrelas. Sei da lágrima que você chora em cada estrela cadente. Sei que você é antigo, mais antigo que a própria Terra. Mais antigo que esta terra que piso e em que um dia hei de morrer. Eu sei, mas dê-me um sinal da sua presença.

Esperou. Mas mais uma vez ninguém respondeu. Durante cem noites o astrônomo subira a essa colina. Durante cem noites esperara ansiosamente um sinal, um sinal por menor que fosse de que estava certo e de que os seus colegas estavam errados. De que ele estava certo quando dizia haver um Deus maior que tudo. Que eles estavam errados quando diziam que era tudo fantasia sua. Que ele estava certo quando dizia que havia um Criador. Que eles estavam errados quando lhe respondiam com fórmulas matemáticas e com teorias de uma explosão inicial que tudo explicaria. E quando se riam na sua cara. E quando o tratavam como cientista de segunda. Agora, pela última vez, voltava-se para cima e pedia um sinal. Nem pedia um sinal para eles. Pedia apenas um sinal para si, um sinal que lhe permitisse dormir em paz, apesar das gargalhadas dos outros. Mas passaram-se cem dias e cem noites e o sinal não veio.

Desistiu. Abandonou-se à brisa, a mesma brisa suave e fria que soprava desde a primeira noite e que tantas vezes o irritara por não o deixar concentrar-se.

– Olá – disse uma voz jovem e descontraída.

– Boa noite. – Disse o astrônomo surpreendido. – Não o vi. Como você chegou aqui sem que eu percebesse? Perdeu alguma ovelha?

– Estava vendo é que eu perdia a você. – Respondeu a voz, sorrindo. – Cem vezes você pediu um sinal. Cem vezes eu lhe toquei com a minha brisa. Creio que hoje você se preparava para não voltar.

– Senhor, meu Deus! Sois vós? O Altíssimo? O Deus Antigo? O Deus Imenso?

– Bem, se você prefere me chamar assim...

– Senhor, Altíssimo, você não devia estar lá em cima nos céus? Não é lá que você mora? O que está fazendo aqui?

Onde eu moro não brilham estrelas, a não ser quando o coração de algum ser humano se converte ao amor. Nem há constelações, a não ser quando dois ou mais se reúnem em meu nome. Moro onde você mora. Compreende?

– Você mora onde eu moro?! Eu moro em uma casa tão pequena e você é tão grande!

Só é grande quem se encaixa no pequeno por amor.

– Sempre pensei que você morava no céu e que por isso o céu era tão grande. Sabe, às vezes ficava horas e horas sem fim olhando a imensidão das estrelas e pensando em você.

— Eu sei. Eu vi quando você se comoveu, encostado na figueira, olhando o céu. Fiquei com vontade de te contar tudo, sobretudo de te dizer isto: o universo não é a minha casa. É a sua. É a casa que eu criei para você e para todos os seres humanos. Sabe, às vezes os pais montam casas para os filhos...

— Mas então porque é tão grande o universo? A nós bastavam algumas montanhas e outras tantas planícies...

— Sim, talvez você tenha razão. Talvez tenha exagerado. Sabe como é, uma pessoa quando é Deus pensa nos seres humanos e fica entusiasmada... Pegamos em papel e lápis e desenhamos o Sol e a Terra, um em frente ao outro. "Terão a Terra para habitar e o Sol para os aquecer", pensamos. Fica bem, mas ainda está tudo muito parado. Pensamos então em pôr a Terra girando em redor do Sol para que houvesse anos e percebessem a passagem do tempo. E a colocamos rodando em seu próprio eixo para que houvesse dias e noites e pudessem assim recomeçar a vida de novo a cada manhã. E já agora inclinamos um pouco o eixo para poder existir estações, e sementeiras e colheitas no tempo certo, e festas. A Terra até fica bem assim – um belo planeta para os seres humanos! – e resolvemos então pôr mais planetas ao redor do Sol. Todos diferentes, uns maiores, outros menores, um com anéis, outro com satélites. Quando nos demos conta já eram nove e resolvemos que assim bastava. De fato, de dia estava bom, mas de noite achamos tudo bastante escuro. Os seres humanos, de noite, morrerão de tédio, pensamos. Começamos então a desenhar estrelas e mais estrelas. Primeiro uma pessoa pensa em pô-las todas alinhadas. Depois começamos a desarrumar tudo e a fazer constelações. Será bem mais divertido para os seres humanos olhar um céu assim... Começamos com uma constelação, e já agora outra ali mais ao lado, e quando nos demos conta já tínhamos milhões de galáxias a milhões de milhões de anos-luz. E agora umas nebulosas, e agora uns cometas de vez em quando para que fique tudo mais emocionante, e mesmo agora a lua, para que o mar tenha marés cheias e marés vazantes e eles tenham semanas e ao sábado se possam apaixonar.

— Tenho uma pergunta, Senhor. É uma pergunta um pouco embaraçosa. Os meus colegas dizem que você não criou nada. Que tudo aconteceu em uma grande explosão, há muitos milhões de milhões de milhões de anos.

– Bem, imagine que eu decidi criar através de uma explosão...? Não posso criar da maneira que eu achar melhor? Também as árvores nascem devagarinho das sementes, isso eles entendem. Entendem que a árvore já está lá toda naquela semente pequena que o tempo irá regar. Eu é que não entendo os seus colegas. Se houve uma explosão, alguma coisa tinha de existir primeiro para que depois houvesse explosão, não é? Os seres humanos, quando descobrem as leis do universo, sentem-se tão contentes que se esquecem de que para haver leis foi preciso que eu inventasse essas leis. Esquecem-se de que para que alguém possa descobrir, alguém antes teve de criar.

Desculpe-me o atrevimento, Senhor, de lhe fazer tantas perguntas, agora que o tenho aqui à mão... Mas então a Bíblia? Ela não diz que você fez tudo em sete dias? Eles dizem que um universo assim nem em sete milhões de anos.

– As pessoas esqueceram a poesia. E sem poesia não entendem quando eu falo. Esqueceram que sete quer dizer plenitude. A plenitude do meu amor. É isso. É só isso que precisam saber, para depois poderem olhar pelos telescópios e não se perderem. A Bíblia não diz como criei, diz que criei tudo para vocês, por amor. E explica como é que podem usar de tudo com amor e serem felizes. A Bíblia não é um manual do fabricante, é uma espécie de manual de instruções, compreende?

– Mas então você não se importa que nós olhemos o céu com telescópios? E que depois vamos para casa fazer contas e escrever livros de ciência? E depois, talvez, que nos coloquemos em umas naves para ir ver mais de perto...

– Quero que amem a casa que dei para vocês. Quero que a contemplem e conheçam. Há nela recantos que vocês ainda nem sonham que existam. Quero que usem a inteligência que dei a vocês e que seus filhos saibam mais que vocês, e que os filhos deles saibam mais que eles. Só tenho pena é que ainda saibam tão pouco.

– Não são segredos demais? Por que é que você não diz logo tudo de uma vez? Você nos pouparia tanto tempo!

– Sim, eu poderia dizer tudo de uma vez. Poderia até escrever uma legenda no céu com letras de raios laser, dizendo que o autor sou eu e que deixassem de pensar mais. Eu pouparia muito trabalho a vocês e conseguiria que todos me adorassem. Mas assim eu tiraria de vocês a liberdade e sem liberdade não há amor. Prefiro que me descubram pelo amor. Detestaria que me adorassem à força. Você entende isso?

– Mas, Senhor, assim há sempre quem se esqueça de você. Como é que você, sendo tão grande, se sujeita a isso?

– Maior grandeza é não se impor. Amar somente, escondido no brilho dos astros, na escuridão da noite, no soprar da brisa. Chamar sem forçar. Falar ao coração daquele que olha o universo, como quem sussurra, e esperar que tenha desejo por mim. Como você, nesses cem dias, nessas cem noites em que você abriu o coração e eu lhe desejei e você me desejou até quase não poder mais.

"Deixei-lhe até quase não poder mais", concordou o astrônomo, no cume da colina. Quando abriu os olhos não viu ninguém. Sentiu apenas a brisa da noite que lhe tocava o rosto. Mas agora já não tinha frio.

O Príncipe e a Lavadeira
A Encarnação

Apresentado em novembro de 2002 em Palmela, nas Jornadas de Espiritualidade ACI, promovidas pelas Escravas do Sagrado Coração de Jesus, com o título "Como ele, em Encarnação".

Serafim, o anjo madrugador, foi o primeiro a estranhar. "Já tão tarde e nenhum dos Três apareceu?". Mas, pensando melhor, achou que não tinha nada a ver com isso, já que, afinal, Deus é Deus e pode tomar o café da manhã na hora que bem entender. Os outros foram chegando, à medida que os primeiros raios de sol entravam pela enorme janela e as melodias dos anjos tocadores os faziam despertar: primeiro Abraão com o seu filho Isaac; depois Jacó, acompanhado pelo seu grande amigo, o anjo lutador; Moisés, descalço como sempre; o profeta Isaías, solene com aquela barba que ele se recusava cortar... Aos poucos todos foram chegando e enchendo de conversas e risadas aquela enorme sala da corte celestial.

Todos conversavam menos Serafim. "Começo a me sentir culpado", segredou ele ao anjo Gabriel, que lia, ao seu lado, o jornal. "Talvez eu tenha tocado os sinos com pouca força e eles não tenham acordado. Você acha que eu devo ir lá verificar?". O fato é que eles não chegavam e aos poucos a estranheza da sua demora foi-se espalhando pela sala e fazendo crescer um burburinho de suposições. Jonas – dramático como sempre – se levantou de um pulo. "Já não aguento mais.

Sem eles não há céu. Alguém tem de ir lá ver o que se está acontecendo! Não me sentia assim nervoso desde aqueles três dias em que estive no ventre da baleia!".

Alvoroço na corte celestial

Ele estava ainda falando quando se ouviram vozes animadas que se aproximavam. Eram os Três. Apareceram sorridentes na porta, com aqueles sorrisos misteriosos que sempre antecedem as grandes notícias. Todos se calaram imediatamente e Deus Pai tomou a palavra. Tomou a Palavra pelo braço e falou:

– Estivemos reunidos a noite inteira e já está tudo decidido. Vai ser agora!

Fez-se um grande silêncio perplexo na sala. "Vai ser agora, o quê?", perguntavam todos baixinho, sem perceber nada. Mas ele continuou:

– Já repararam no mundo? É mesmo um local fantástico, não é? Tantos homens e tantas mulheres! Tantas crianças por toda a parte! E tão diferentes uns dos outros! Uns brancos e outros negros; uns vestidos de túnicas outros de calças jeans; uns trabalhando e outros descansando; uns chorando e outros rindo; uns amando e outros olhando...[1]. E cada um com o seu nome e tentando ser feliz! Nós nos comovemos e decidimos que é este o momento certo. Ninguém estava entendendo nada da conversa, mas também ninguém tinha coragem de falar. Foi Adão que o fez, talvez por ter se sentido atingido pelas referências à questão da roupa.

– Senhor, em nome de todos peço desculpas, mas creio que nenhum de nós está entendendo exatamente o que vocês estão dizendo. Vai ser agora o quê?

– Pois é – disse Deus –, estamos tão entusiasmados que nem explicamos bem. Decidimos jogar a grande cartada na história dos seres hu-

---

[1] Cf. Santo Inácio de Loyola, *Exercícios Espirituais*, São Paulo, Loyola, [14]2015, [106].

manos, algo impensável que vai surpreender a todos e fazer com que voltem para nós.

– Até que enfim! – Disse Amós, o profeta, precipitadamente – Já era tempo de pôr aquela confusão em ordem. Eu por mim já há muito tempo que teria enviado um cataclismo. Sem um bom castigo ninguém aprende! Não há nada como uns trovões violentos ou um dilúvio ou uns terremotos para as pessoas se arrependerem dos seus pecados. Desculpem-me o atrevimento, mas eu, se fosse Deus, já há muito que tinha mostrado para eles a minha ira. Infelizmente com eles tem de ser assim. A verdade é esta: os seres humanos estragaram tudo. Os Três, muito bem-intencionados, fazem uma criação com tudo pensado, dão liberdade aos seres humanos e aí eles começam com guerras e ódios a destruir tudo e todos. É uma vergonha, só interesses mesquinhos, exploração do órfão e da viúva, incredulidade! Os seres humanos estragaram a criação e agora, claro, os Três é que têm de inventar uma maneira qualquer de compor aquilo que os homens descompuseram, de arranjar o que eles estragaram. Se precisarem de alguma coisa contem comigo. Por uma causa destas estou disposto a tudo!

– Amós, Amós – disse o Filho, cheio de paciência – você não entendeu nada! O que vamos fazer, já estava tudo previsto antes de Adão nascer! Não é um remendo. Claro que nem tudo está bem no mundo, mas quando começamos a criação já sabíamos que não ia ser tudo perfeito e, mesmo sabendo isso, decidimos criar. Há guerras e injustiças, mas também há muita coisa boa. As crianças não crescem até adultos sem fazer traquinagens e os pais não deixam de as ter por causa disso, não é? O que vamos fazer não é pôr um remendo, é dar o grande passo pelo qual esperávamos desde o princípio e para o qual começamos a criação.

– E pode-se saber que passo é esse? – Perguntou timidamente Isaías.

– Isaías, você devia saber melhor que ninguém. Decidimos – disse o Filho muito solenemente –, decidimos que eu vou viver com os seres humanos! Não é fantástico?

A lição

Tudo parou nesse momento. Os olhos de todos na corte celestial estavam fixos nos Três. Fez-se um enorme silêncio de espanto. O anjo Gabriel, com o susto, não conseguiu controlar um rápido movimento reflexo da asa esquerda que, ao esbarrar em um jarro, fez derramar leite por todo o chão.

– Desculpe, Senhor – disse ele muito atrapalhado –, eu não estava esperando uma coisa assim. Você disse ir viver lá na Terra? É essa a sua ideia?

– Sim – disse o Espírito Santo –, e estamos os Três completamente envolvidos nisso. A ideia é dos Três e desde sempre, mas não podia ser logo. Lentamente os seres humanos foram crescendo e agora já estarão preparados para esta lição de amor. Eu mesmo abrirei os seus corações e entenderão o que é o amor. Aprenderão conosco pessoalmente a amar. Aprende-se mais com os olhos que com os ouvidos!

– Amar? – Surpreendeu-se Amós, que não tinha ficado nada satisfeito – Eu pensei que a missão de vocês era a salvação, nunca pensei que fossem sentimentos!

– Tanto tempo você está aqui e ainda não entendeu?! – Disse o Espírito Santo – Só o amor salva! Amar e salvar não são duas coisas diferentes, são uma só. A única lição que os seres humanos precisam aprender é amar. A sua única missão é essa: amar. Quando souberem amar estarão salvos! Aos poucos temos ensinado cada ser humano a amar, falamos a cada um no seu coração e na sua consciência, inspiramos profetas para falarem em nosso nome, entramos na sua história. Enfim, indiretamente, os temos preparado para o amor. Agora chegou o tempo de eles viverem com o amor em pessoa. Por que mais rodeios se podemos ir lá diretamente? Pense bem, quando eles virem o amor em pessoa e o abraçarem estarão salvos! Claro que não podíamos fazer isso logo no princípio, pois não estariam preparados para aceitá-lo. Agora é o momento certo. Quando eles puderem conhecer o Filho, estar com ele, ouvi-lo falar, vê-lo amar, saberão amar e estarão salvos. Não se trata de uma emenda, trata-se de um objetivo. Foi pensando nesse objetivo que começamos a criar.

A proximidade

Por mim – disse Oseias com os olhos brilhando –, vocês têm todo o meu apoio. Confesso que não estava esperando por isso. Claro, nenhum de nós imaginava isso. Mas têm todo o meu apoio. Aliás, lembro-me de ter falado muitas vezes de amor ao meu povo. Fui até muito criticado por causa disso, por comparar Deus a um amante. O Filho ir lá embaixo disfarçado de homem, acho uma ideia estupenda.

– Oseias! – Interrompeu o Filho – "Disfarçado"[2], coisa nenhuma! Serei homem.

– Claro, Senhor, duas pernas, dois braços e uma cabeça, e todos pensarão que você é um ser humano de verdade. Não é "disfarçado", claro. É como se você fosse mesmo homem.

– Oseias, não é "como se fosse", eu serei homem.

– Será homem, como? O Senhor não vai nascer, não vai morrer, claro.

– Vou nascer, vou morrer e vou crescer.

– Às vezes faz frio lá embaixo, Senhor. Não é como aqui no céu...

– Eu sei. Às vezes faz imenso frio, até mesmo no coração.

– E às vezes a comida não chega. Também o Senhor vai comer?

– Claro! Vou comer, caminhar, sentir o frio da pedra sob os pés e o calor do sol do verão nas costas. Vou aprender e ter de ir à procura. Vou escutar e falar. Vou fazer perguntas e aprender. Vou ter de caminhar para ir de um lugar para outro.

Jonas não aguentou mais.

– Não sabe em que você vai se meter, Senhor. Aquilo lá embaixo é uma selva! Ainda me arrepio só de pensar em Nínive... A pessoa às vezes sofre mesmo. E não é só o frio e o calor, mas também a incompreensão dos outros. E até mesmo a solidão. Desculpe, mas não é ambiente para o Senhor. Não seria muito mais sensato – desculpe-me o atrevimento... –, não seria muito mais sensato o Senhor ir lá com aparên-

---

2   Na reflexão sobre Jesus Cristo, uma das tentações que surgiram nos primeiros séculos da Igreja (e que aparece recorrentemente) é a de pensar que ele "parecia", mas no fundo não era realmente, um ser humano.

cia humana, se adaptar a tudo, fazer o que tem de fazer e depois voltar para cá?
– "Aparência humana"?! Essa é a primeira grande tentação dos seres humanos, a tentação do "dar-se-sem-se-dar", brincar com o amor sem se comprometer. Tocar sem se deixar afetar, sem perder as suas seguranças. Os seres humanos querem deixar o caminho de regresso sempre livre. Então dão-se, mas não se dão. Querem ter a sensação de que amam, mas sem correr risco algum pessoal. E então dizem uns aos outros: "Amo-te muito, mas não estou preparado para assumir nenhum compromisso, já tenho muitas questões na minha vida". Ou então: "Eu ajudo você a resolver os seus problemas desde que você não me envolva pessoalmente na sua situação!". Ou ainda: "Deixe-me cativá-lo. Mas amanhã não me venha bater à porta". Não entendem nada. Amar é deixar que a carga do outro passe para nós. Uma espécie de transferência, entende? Por isso é que antes de cada ato de amor devemos pensar se estamos preparados para ele. Quando amamos nos tornamos frágeis. Então achamos mais fácil guardar sempre certa distância cada vez que amamos, de modo a nunca corrermos o risco de ser afetados. Era isso que você pretendia quando sugeria que eu fosse lá embaixo disfarçado de homem! Mas já pode ver que uma coisa dessas eu nunca poderia fazer...
– Senhor, certamente que os vossos pensamentos não são os nossos pensamentos e que os vossos decretos são insondáveis – insistiu Jonas solenemente –, mas francamente tudo isso me parece um exagero! Sejamos acima de tudo práticos. Os seres humanos precisam de orientações. O Senhor pode ir lá embaixo para dar-lhes essas orientações. Eles precisam de ajudas concretas. Então vá lá embaixo para dar-lhes essas ajudas. Os seres humanos certamente ganhariam em conhecê-lo. Vá lá embaixo para dar-lhes um pouco de tempo. Mas francamente isso de ser homem me parece arriscado e desnecessário.
– Jonas – respondeu o Filho cheio de paciência –, essa é precisamente a segunda tentação dos seres humanos que se esforçam por seguir o bem, a tentação do "fazer-coisas-em-vez-de-estar". Pensam que o amor pode se trocar por fazer coisas, não entendem que consiste sobretudo em estar presente. Dizem uns aos outros: "Eu dei uma hora do meu

tempo para você, viu como eu o amo?". Ou: "Canto as canções da sua cultura, viu como o amo?". Ou: "Visto-me como você se veste e sorrio sempre que você passa, viu como eu o amo?". Ou ainda: "Ajudei-o a preparar uma bela reunião, viu como eu o amo?" Mas o amor não consiste em horas, nem em canções, nem em roupas, nem em sorrisos, nem em reuniões, nem em nada do que se possa fazer por fora. O amor consiste em dar-se a si mesmo e para isso é preciso ter tempo para estar com o outro, ter tempo para simplesmente estar. Mas, claro, com o tempo, recolhemos o frio e o calor do outro na nossa própria alma. Você está vendo, Jonas, um Deus muito eficiente e muito profissional, mas que não tivesse tempo para estar não salvaria ninguém.

Foi então que um anjo adolescente saiu voando do coro dos anjos com a sua harpa na mão e dançou no ar em volta do Filho, cantando:

> *Essa é a voz do meu amado! Ei-lo que vem aí, saltando sobre os montes, pulando sobre os outeiros. O meu amado é como a gazela e como um filhote de corça. Ei-lo, atrás dos nossos muros, olhando pelas janelas!* (Ct 2,8-10).

Depois ele parou diante do Filho e lhe fez uma grande reverência. Todos aplaudiram, sobretudo Deus Pai, visivelmente entusiasmado. Até que enfim alguém parecia entender plenamente o significado daquilo que os Três lhes transmitiam! Mas nem todos estavam contentes. Alguém, do meio da multidão, pôs o dedo na ferida:

– Senhor – disse ele voltando-se para o Filho –, vejo que obviamente querem o bem dos seres humanos. Tamanha entrega não pode significar outra coisa. O que me parece questionável – com o devido respeito, claro – é que isso seja o bem dos seres humanos. Há uma linha, Senhor, uma linha que nos permite que nem tudo seja relativo. Abaixo dessa linha estão os pássaros, as árvores, as montanhas e os homens. Enfim... a criação. Acima dessa linha está Deus. Abaixo existe o tempo. Acima, a eternidade. Abaixo, o que é finito. Acima, o que é infinito. Abaixo é tudo relativo. Acima é tudo absoluto. Essa linha marca uma distância intransponível e permite que as coisas não se misturem. É bom para nós saber que acima de nós as coisas são claras e incondicionadas. Permite-nos viver com ordem a desordem da vida. Ora, se entendi bem, o projeto de vocês confunde tudo. A parte de cima mistura-se com a de baixo. A parte de cima vem para baixo e qualquer dia a parte de baixo já pensa que está lá em cima. Não é melhor para os seres humanos deixar as coisas como estão, da mesma exata maneira que os nossos avós nos ensinaram? Não introduzirá isso uma confusão tremenda nas cabeças dos seres humanos? Faz lembrar aqueles pais que começam a se comportar como se fossem filhos, ou aqueles professores que se sentam no meio dos alunos. É muito confuso. Parece-me que, se querem o bem dos seres humanos, a primeira coisa que devem manter é a ordem.

– Será mesmo como você diz – explicou o Filho –, uma linha quebrada e aberta. Só que você não compreendeu o porquê. É por causa do amor. O amor não suporta distâncias, hierarquias.

– Mas se o Senhor quebrar essa linha estará sujeito a tudo o que é relativo. Não pense que as multidões acorrerão para servi-lo. Aqui, sim, nos enchemos de respeito quando vemos o Senhor passar. Lá embaixo não é assim; impera a lei do mais forte. Lá embaixo tudo pode acontecer. Até a violência. Até a morte. Em que posição o Senhor ficará depois? Perderá o seu status superior e já não poderá salvar. E quem acabará perdendo... serão os seres humanos!

– Aí é que você se engana. Ninguém salva de cima, a partir de uma posição de superioridade. As pessoas terão de aprender a me ver de cima para baixo. Talvez não estejam ainda preparadas para que eu lave os seus pés, mas um dia entenderão. É essa a terceira tentação dos seres humanos no que diz respeito ao amor, a tentação de "dar-a-mão-sem-se-abaixar". Pensar que é possível amar sem se abaixar, sem ter perdas. E então dizem coisas como: "Eu o amo, mas não diga a ninguém. A minha imagem ficaria estragada". Ou: "Deixe-me fazer o bem a você, mas não me obrigue a ir à sua casa, não me sinto bem nesse tipo de bairro". Ou ainda: "Conte-me seus pecados, mas não entre em pormenores para não me contaminar". Mas amar é aceitar perder para que o outro ganhe. Amar é quebrar a linha que nos mantém sempre por cima, na nossa autossuficiência.

– E não há como os dois ganharem? – Retorquiu... No papel sim, é possível pensar em um amor que só tenha ganhos. Na prática não. Amor e dor são inseparáveis.

– É disso mesmo que eu estou falando, de dor. Não falo já da dor física, mas sobretudo da dor do coração. O que o Senhor faria se os seres humanos não o aceitassem? Já pensou nessa possibilidade?

Pensei na possibilidade de amar até o fim, onde quer que isso me leve. É essa a linha que quero traçar – você entende? –, a linha do amor. Claro que isto rompe com as hierarquias. Quando se ama, deixa-se de estar por cima. Parece que você nunca amou ninguém.

– Senhor, e se isso o levar até à morte? Imagine simplesmente a possibilidade de quererem matá-lo? E o Senhor, que é Deus, o que fará?

– Não sei o que farei. Só sei que quero uma coisa: ser fiel até o fim.

– Até à morte?

– Até à morte – disse o Filho, olhando o Pai, enquanto o Espírito pousava suavemente a cabeça no seu peito.

"Até à morte"... Ouvindo isto o anjo tocador não resistiu e voou novamente em volta do Filho cantando:

> Põe-me como um selo sobre o teu coração, como um selo sobre os teus braços. Porque o amor é forte como a morte. A paixão é violenta como o sepulcro! As muitas águas não poderiam extinguir o amor, nem os rios o poderiam submergir. (Ct 8,6).

A liberdade

Aos poucos foi-se gerando entre todos um entusiasmo geral por essa "cartada" que os Três iriam dar. Os mais extrovertidos dançavam de alegria, os mais solenes faziam discursos e propunham brindes, os mais impulsivos ofereciam-se para ir também "lá embaixo" ou "lá em cima", na Terra, e passar com o Filho o que quer que ele viesse a passar. Havia também um grupo mais militante que começou animado gritando palavras de ordem, como se fosse uma manifestação: "Hosana,

hosana ao Filho de David!", "Bendito o que vem em nome do Senhor" e outros *slogans* do gênero. De repente, apareceu uma faixa dourada que dizia: "Encarnar já. Com os Três no seu projeto de felicidade". O Pai pediu então um pouco de calma e explicou:

— Vejo que já perceberam o alcance daquilo que acontecerá e ficamos tocados que partilhem do nosso entusiasmo. A todos agradecemos o apoio. No entanto, eu gostaria que soubessem de uma coisa: não é a nossa própria felicidade que procuramos. Não se admirem se vos dissermos que não precisamos dar este passo. Nós o damos para que os seres humanos sejam felizes. Será talvez difícil entenderem o seguinte: a nós, nada falta. Um dia aparecerão pessoas que dirão que nós, para sermos Deus, tínhamos de ir até a Terra, que era uma necessidade. E isso não é verdade. A nós nada falta. Eles pensam que o amor é uma necessidade, não entendem que ir à procura do amor por necessidade não seria amor, mas o seu contrário, a dependência. É esta a quarta tentação dos seres humanos no que diz respeito ao amor, a tentação do "dar-para-se-preencher". É verdade que todo o amor enriquece a quem o dá. Mas é também verdade que amar é querer o bem do outro e não o nosso. Sem isso não há amor. Como sabem, os seres humanos têm toda a espécie de carências, sobretudo afetivas. Quando, por vezes, fogem de enfrentá-las, procuram outra pessoa para satisfazê-las. E chamam isto de amor. Dizem coisas estranhas como, por exemplo, "preciso de você para ser feliz", "sem você eu não seria ninguém" e "não posso viver sem você". Ainda não entenderam nada. O amor é como uma ponte e cada pilar tem de estar bem assentado na sua própria margem. Buscar o apoio do pilar na própria ponte é meio caminho para tudo desmoronar. Assim, outras pessoas dizem: "dar uma mão a você preenche o vazio que há em mim" e "dou-me a você porque me sinto útil, sabendo que você precisa de mim". E chamam isto de amor. Mas não é. O amor é gratuito. Só pode amar quem aceita viver a sua própria solidão e sabe que não precisa do outro para sobreviver. A solidão não é o contrário do amor — como as pessoas muitas vezes pensam —, é o seu alicerce escondido. Vocês pensarão então que amando assim não nos envolvemos. Mas enganam-se, é precisamente assim que podemos nos envolver sem medo de nos perder. O verdadeiro amor alimenta a independência. O Filho nunca deixará de ser quem é[3].

Agora é que estavam todos cada vez mais confusos.

– Mas então – perguntou o anjo adolescente da harpa – o que é afinal o amor? Não é diluir-se no outro? Não é isso que vai acontecer agora com o Filho, deixar de ser quem é para ser homem?

– Não, Benjamim – interrompeu o Filho, muito de repente –, se eu deixasse de ser quem sou já não poderia amar. Repare no que se passa aqui no céu. Aqui há só amor e cada um tem a sua personalidade diferente. Você, por exemplo, não deixa de ser anjo por amar a mim, que não sou anjo. O amor não faz você ser outro, diferente de si mesmo, ele o torna um ser melhor. Se você deixasse de ser quem é para me agradar, por exemplo, estaria tudo estragado. É essa a quinta tentação dos seres humanos quando amam, a tentação do "vender-se-para-agradar". As pessoas, para agradar àqueles que dizem amar, são capazes de empenhar o que têm de mais sagrado. Vendem os seus ideais, comportam-se como se não fossem elas, tornam-se incapazes de dizer o que realmente pensam, relativizam aquilo em que realmente acreditam para não perderem o outro. Eu não farei isso. Se eu o fizesse me tornaria um jogo de sombras, me esvaziaria e não teria nada para dar. Haverá talvez momentos em que as pessoas irão à minha procura e não me encontrarão porque vou precisar estar comigo mesmo. Haverá talvez momentos em que as pessoas quererão que eu grite as palavras de ordem dos seus partidos e terei de desiludi-las porque eu não vou contradizer a mim mesmo. Haverá talvez momentos em que me oferecerão o mundo inteiro se eu for sua atração principal e ficarão desapontadas quando eu abrir a boca porque a verdade não pode ser vendida. Você está entendendo? Seria como tentar assentar o peso do pilar no tabuleiro da ponte. Duraria pouco tempo.

– Continuo não entendendo, Senhor! Eu primeiro pensava que o Senhor não iria ser propriamente homem, mas que apenas se disfarçaria de homem. Depois o Senhor explicou que não, e eu entendi as

---

3   Outra tentação recorrente na reflexão cristológica é a de ver Jesus Cristo simplesmente como um homem – ainda que o mais santo de todos os homens – e negar sua divindade.

razões. Então achei que deixaria de ser Deus para poder ser homem. Agora vejo que também não será assim e estou confuso. Sinceramente, não entendo como é que conseguirá ser homem continuando a ser Deus[4]. É que a ideia que eu tenho das duas coisas é completamente diferente. Deus sabe tudo, os seres humanos não. Deus está em toda a parte, as pessoas para irem de aqui para ali têm de se deslocar. Deus tem poder sobre tudo, as pessoas não...

O tema interessava visivelmente ao Filho, que ganhou um brilhozinho especial nos olhos e respondeu assim:

– Havia, em um país distante, um rei. Vivia em seu palácio, no alto da colina, rodeado de uma grande corte e na companhia do seu filho. Havia também nesse reino um bosque, um grande bosque atravessado por um pequeno rio azul. Muita gente vivia nesse bosque. Era gente boa e simples que nunca tinha entrado no palácio real e que se sentiria pouco à vontade se lá entrasse, tal era a distância entre estes dois mundos tão próximos. Os homens eram caçadores e lenhadores. As mulheres lavavam roupa no rio.

Ora um dia o Príncipe, cavalgando no bosque ao longo do rio, viu uma jovem lavadeira. Ficou olhando secretamente para ela por detrás dos canaviais e apaixonou-se por ela. Gostaria de se declarar a ela e de namorá-la. Mas como fazer? Levá-la para viver no palácio não era possível, seria demais para ela. Ele ir viver na clareira do bosque, com toda a sua corte, também não. Iria assustá-la, a ela e a todos, e não iria dar resultados. Foi então que decidiu: "Deixarei a corte, perderei todos os meus privilégios reais, irei viver como mais um na clareira do bosque". Passados anos lá o encontramos. Trabalha agora o dia inteiro como lenhador. Tem suas mãos calejadas pelo uso do machado. Até sua maneira de falar é diferente, igual à de todos os lenhadores do bosque,

---

[4] É esta a fé dos cristãos na sua reflexão sobre Jesus Cristo desde os inícios da Igreja: que nele se combinam a divindade e a humanidade, sem que nenhuma das duas naturezas tire nada de essencial da outra. A formulação clássica é: "duas naturezas em uma só pessoa". Por detrás dessa formulação esconde-se o Mistério inesgotável da pessoa de Jesus Cristo e o eterno desafio de revermos as nossas categorias de "Homem" e de "Deus".

com quem bebe, na taberna, no fim da tarde, um copo de vinho antes de voltar para casa.

– Diga-me, Benjamim, esse homem que agora vemos assim malvestido, suando e com mãos calejadas é ou não é Príncipe?

Benjamim hesitou: – Que história linda, Senhor! Bem... eu acho que... ou seja... acho que sim, que ele deixou tudo por amor, mas que no fundo continua Príncipe.

– E achas muito bem – disse o Filho. – Claro que ele agora já não pode assinar decretos reais, nem pode dispor livremente da fortuna da família, nem tem a facilidade de meios que tinha no palácio. Mas o sangue azul que corria em suas veias, ele não o perdeu. Príncipe uma vez, Príncipe para sempre.

– Então, isso significa que o Senhor vai perder os privilégios, mas não vai deixar de ser quem é?

– É verdade, Benjamim. É assim o amor.

– E quem é a lavadeira? É a humanidade?

– Certamente, Benjamim.

– E o seu sangue azul, que sangue é Senhor?

– É o amor, Benjamim.

– E a lavadeira? O que aconteceu à lavadeira?

– A lavadeira, aos poucos, aprenderá a amá-lo, ganhará nobreza de sentimentos e será uma dama.

– E irá viver no palácio com ele?

– Sim, Benjamim, quando estiver preparada.

– E serão os dois felizes para sempre?

– Sim, Benjamim – disse o Filho rindo –, e serão os dois felizes para sempre. E o Rei irá tratá-la como filha. E ela será herdeira de todos os bens da família real.

– Acho que já estou entendendo, disse o anjo pegando a harpa.

> *Para onde foi o teu amado, ó mais formosa das mulheres? Para onde se retirou o teu amado? O meu amado desceu ao seu jardim, ao canteiro de bálsamos, para se recrear entre as flores e colher lírios. Eu sou para o meu amado e o meu amado é para mim. Ele se recreia entre os lírios* (Ct 6,1-3).

Essa história do Príncipe e da lavadeira e a referência aos lírios tocou muito a todos que estavam presentes. É que os jardins celestiais estavam cheios de lírios e não havia ali quem não os apreciasse. Foi então que um profeta menor, que estava escondido lá no meio do grupo dos profetas, sugeriu uma ideia. "Não seria possível decretar desde já na Terra uma harmonia perfeita, de modo que o Filho, ao chegar, fosse logo bem acolhido por todos? E se alguém não gosta de lírios? Pode até ficar longe do Filho ou mesmo estragar esta sua vida lá em baixo!". Surgiu então entre todos uma grande discussão acerca dos lírios: dever-se-ia ou não fazer com que todos os seres humanos gostassem de lírios? A ideia foi ganhando terreno. Para bem dos seres humanos, todos deveriam gostar de lírios, quer quisessem quer não... Isso facilitaria muito a missão do Filho, na qual estavam agora todos tão envolvidos. Mais uma vez o Pai pediu silêncio.

– Estão vendo? Esta é a sexta e a maior tentação dos seres humanos quando começam a amar, a tentação de "manipular-o-outro-para-não-o-perder", de seduzir o outro de forma que ele não possa recusar o amor. Há tantas formas de fazer isso, e algumas são tão discretas! Há quem tente se tornar imprescindível ao outro para que o outro não possa viver sem ele. Há quem tente confundir o outro de modo que ele se convença de que já não é ninguém sem esse amor. Há até quem ameace com o perigo do castigo eterno no caso de ele recusar o amor. Mas cada um tem de descobrir por si só a cor dos lírios e amá-los livremente por aquilo que são. Se todos fossem obrigados a gostar de lírios, os lírios deixariam de ter encanto.

– E se não aceitarem o Filho? – Perguntavam todos – Se nem chegarem a lhe abrir a porta? Afinal eles acham que o mundo é a casa deles. Não seria melhor... enfim... forçar um pouco a entrada?

– O mundo é a casa deles – respondeu o Filho –, forçar a entrada, nunca! O amor, para ser amor, tem de ser livre dos dois lados.

Maria

Foi então que em algum lugar, muito longe dali, em uma pequena aldeia perdida no mapa, uma moça pôs a mão na maçaneta da porta e entrou em seu quarto para descansar. Tinha tido um dia cheio. Cheio de coisas a fazer. Cheio de projetos para o futuro.

    Sentou-se na cama sonhando, segurando na mão um pequeno lírio que tinha apanhado no caminho para casa. E nesse momento ouviu uma voz que a saudava. "Viva, Maria, o Senhor está contigo". Ela se perturbou. Escutou, perguntou, pensou, amou. E no fim respondeu: "Eis a serva do Senhor. Faça-se em mim segundo a sua vontade" (Lc 2,38). E o anjo retirou-se de junto dela.

Noite de estrelas
Jesus Cristo

Apresentado em dezembro de 1997, em Fátima, na Semana de Estudos de Espiritualidade Inaciana, com o título "Oração em uma noite de estrelas – rostos de Cristo na espiritualidade inaciana".

Na semana passada fiz uma viagem incrível. Viajei no espaço e no tempo.
Recuei quase quatro séculos, até os últimos anos da vida de Santo Inácio[1].
Fui até Roma.
Passei pela Basílica de São Pedro, que ainda estava em reconstrução.
Caminhei até o centro da cidade, por ruas estreitas, e entrei na casa que chamam de Santa Maria da Estrada, por ser este o nome da capela que está mesmo ao lado.
Era já noite, e foi em um pequeno terraço dessa casa que encontrei Santo Inácio. Via-se sem empecilhos o céu imenso e ele ali estava, de pé, absolutamente imóvel, de barrete na mão.

---

1 Santo Inácio de Loyola, fundador da Companhia de Jesus, nasceu em 1491 no País Basco e viria a passar os últimos vinte anos da sua vida em Roma. Aí morreu em 1556.

Olhava as estrelas[2].

E eu – embora, para dizer a verdade, não lhe ouvisse palavras – imaginei que rezava assim sob aquele vasto céu estrelado:

Aqui estamos, Senhor, neste terraço, vós, e eu, e uma imensidão de estrelas. Veem-se tão bem hoje as estrelas! A Lua está minguante, em breve será lua nova. É quarto minguante também na minha vida. Eu sei. Em breve, nos encontraremos. Face a face, já sem espelhos, como diz São Paulo. Não vejo a hora de olhar o vosso rosto. Quem sois? Sinto que vos conheço tão bem e que ainda tenho tanto para conhecer! Já conheci tantos lados vossos, tantas faces, nestes sessenta e tantos anos! Ainda não parastes de me surpreender. Quem sois?

Não me lembro quando foi a primeira vez que pensei em vós. Aliás, acho que em Loyola, quanto a Deus, não havia "primeiras vezes", o tema "Deus" fazia parte da paisagem. Já lá estava quando alguém novo vinha ao mundo. Tal como estão o rio Urola e o imponente monte Izarraitz. Rezávamos com a mesma naturalidade com que caçávamos, guerreávamos ou pecávamos. Naquele tempo, em Loyola, ninguém vos "descobria" propriamente. Íamos à Missa, como bons cristãos; não admitíamos que se blasfemasse; casávamos com uma mulher honrada, batizávamos os filhos, rezávamos a São Pedro em um momento de maior aflição. E, se tínhamos posses, éramos patronos de alguma ermida.

---

2 É conhecido o gosto de Santo Inácio em contemplar o céu estrelado. "A maior consolação que recebia era contemplar o céu e as estrelas, o que ele fazia, então, muitas vezes e por muito tempo, pois sentia um empenho muito grande em servir a Nosso Senhor" (*Autobiografia*, 11. Daqui em diante o texto da *Autobiografia* de Santo Inácio será citado por *Aut*). Diz Ribadeneira que Santo Inácio, em Roma, "subia a um terraço de onde se descobria o céu sem empecilhos; aí ficava de pé, tirando o barrete, e, sem se mexer, permanecia algum tempo com os olhos fixos no céu; daí a pouco, pondo-se de joelhos, fazia uma inclinação a Deus; assentava-se depois, em um banquinho baixo, porque a fraqueza do corpo não lhe deixava fazer outra coisa. E ali ficava, de cabeça descoberta, derramando lágrimas que lhe desciam em um fio contínuo, com tanta suavidade e silêncio que não se lhe ouvia nem silêncio nem movimento algum do corpo".

Tudo seria ainda agora assim entre nós dois, não fosse aquela bala que vós permitistes que me atravessasse a perna e que me obrigou a um retiro forçado de meio ano na cama. Dizer que neste meio ano tudo mudou é muito pouco: foi então que começou a aventura que me trouxe até aqui. Sem batalhas nem galanteios, preso àquela cama, fui obrigado a parar e a pensar na vida.

O Senhor-do-tudo-ou-nada

Por "coincidência" vieram-me parar às mãos dois livros que só abri porque a alternativa era ficar a olhar para o teto e sentir a perna a doer. Um era sobre a vossa vida; o outro era sobre o que alguns santos tinham feito por amor a vós. Tudo começou a se embaralhar na minha cabeça. Até aqui estava tudo muito claro quanto ao que eu queria do futuro: feitos de armas, o serviço leal a um grande senhor, banquetes suculentos nas melhores casas e a mão de uma dama... Na cama, entre dois gemidos, eu inventava um novo galanteio para ela. Não sei se a amava ou se amava a ideia do meu amor por ela. O certo é que me sentia seguro e decidido. Os livros vieram embaralhar tudo. Santo Onofre só comia ervas! "Ervas?!" As ervas de Santo Onofre não me saíam da cabeça. "Que coisas disparatadas algumas pessoas fazem por causa de Deus! Eu aqui programando o meu futuro e o santo sorrindo desafiadoramente para mim, mastigando ervas. Que desplante! Por que é que não se limita a ser um bom cristão?!".

Foi aqui realmente que tudo começou. Ou mais propriamente, foi nessa noite que tudo começou. Sonhando ou acordado, eu vos enxerguei. Pequeno, calado, ao colo de vossa mãe. De manhã, quando acordei, acordei outra pessoa. Acordei com vontade de ir como peregrino a Jerusalém. Em oração e penitência, claro. Sem luxos alimentares. No fundo, talvez como Santo Onofre, comendo ervas.

Mudar de vida, ir em peregrinação à terra onde vivestes, estes pensamentos davam-me uma paz e uma alegria que eu até aqui desconhecia.

Quanto mais eu ia recobrando a saúde, mais óbvio se tornava para toda a gente à minha volta que eu estava diferente, completamente diferente. Já nem tentava disfarçar. Por que disfarçar, quando tudo de repente são possibilidades para além do que toda a gente acha razoável e sensato? Por amor ao Criador, ser pobre, caminhar pela estrada sem ter nada. Dar tudo.

De um momento para o outro percebi que podia mudar a minha vida toda. Percebi que vós me pedias e ninguém me impedia de fazer isso, embora o meu irmão Martim, adivinhando tudo, me suplicasse para não deitar por terra tudo quanto eu tinha e os outros esperavam de mim. Um dia jogou a sua última cartada. Pegou-me pela mão e me fez passar de quarto em quarto através do rico solar da nossa família. Se me restassem ainda quaisquer dúvidas, aquela visita guiada à pequenez dos nossos horizontes mundanos tê-las-ia dissipado definitivamente. Parti pouco depois.

Quanta liberdade, a pé, pela estrada afora! Já nem o desejo de andar bem penteado e bem vestido me preocupava minimamente. Pensassem os outros o que quisessem acerca de mim! Tudo o que eu era, tudo o que eu realmente era e tinha, estava ali, naquela estrada; mas tinha o mundo inteiro diante de mim. *Amadís de Gaula*[3] ficou tão pequeno! A própria corte dos reis católicos ficou tão pequena!

Olhando para trás, pergunto-me hoje quem éreis para mim neste tempo. É incrível, lembro-me muito pouco de vosso rosto nessa fase. Talvez porque, no fundo, as minhas atenções estavam centradas em mim, na minha mudança, na minha nova vida. Recordava os pecados da minha vida passada e sentia asco. Só pensava agora em vos pagar com penitências e heroísmos de santidade todo o mal cometido e todo o tempo perdido.

Mais do que o vosso rosto, ficaram-me as vossas palavras. Enchi trezentas páginas com frases vossas, desenhadas na minha melhor caligrafia. "Que adianta ao homem ganhar o mundo inteiro se depois vem a perder a sua alma?" (Mt 16,26); "Não acumuleis tesouros na terra: acumulai tesouros no céu, onde a ferrugem não os corrói" (Mt 6,20); "Ninguém pode servir a dois senhores" (Mt 6,24); "Entrai pela porta

---

3 Referência ao famoso romance de cavalaria do século XIV-XV muito apreciado pelos contemporâneos de Santo Inácio. (N. do E.)

estreita: larga é a porta e espaçoso o caminho que conduz à perdição" (Mt 7,13).

Conheci de vós um rasgo que não mais esqueci: éreis o Senhor-do-tudo-ou-nada. Pobre, despojado de tudo, livre, radical. Eu estava apaixonado por uma única ideia: fazer, por amor a vós, grandes coisas. Vezes sem conta vos imaginei pendente de uma cruz e me perguntei "Que vos fiz? Que tenho feito por vós? Que devo fazer por vós?". E dentro de mim uma voz gritava: "TUDO".

Tudo em mim dizia: "Por amor a Cristo eu consigo! Consigo comer as ervas que Santo Onofre comeu, consigo fazer as penitências que São Domingos fez! E se São Francisco conseguiu, eu também consigo!".

Só que não consegui. Em Manresa, mal alimentado, com cabelos desmazelados e unhas por cortar, repetidas vezes, pensei em me suicidar...

Que significava isto? Estava tudo errado? Não tudo, apenas uma coisa: é que era eu que queria vos amar, era eu que sabia como, era eu que heroicamente fazia por vós coisas difíceis, que eu tinha decidido sem vós: vestir mal, comer mal, dormir pouco, rezar sei lá quantas horas por dia.

Era tanta a minha generosidade que nunca me tinha passado sequer pela cabeça vos perguntar: "Quereis isto? Agrada-vos que eu me vista mal, durma pouco, reze sempre e não coma carne?"

O Mestre

Estourei interiormente, gritei-vos por ajuda, e isto foi ótimo porque a partir daí tudo mudou. Foi um mundo novo que se abriu quando em um sonho eu vos vi a me dizer para comer carne ou quando senti que me inspiravas a não rezar tantas horas, pois era preciso assegurar um mínimo de tempo para o sono. Percebi que a partir daí, não seria tanto eu a fazer coisas por vós, mas vós a tomardes conta de mim e a me guiar.

Já não éreis para mim o Senhor-do-tudo-ou-nada. Chamei-vos Mestre, porque senti que cheio de paciência me ensináveis, como um mestre-escola faz com um menino. Já não estáveis distante e radical, mas próximo e cheio de bom-senso, falando ao meu coração, como um amigo fala a outro amigo para o aconselhar.

Vós me ensinastes a não me perder dentro da confusão da minha própria alma. A minha alma, por vezes, mais parecia um campo de batalha, cheio de pensamentos e desejos contraditórios que lutavam entre si. E o pior é que eu não sabia quais eram os bons e quais eram os maus!

Lembrais de quando percebi que queríeis que eu estudasse para poder ajudar outras pessoas? Cada vez que me punha a estudar, dava-me tanta vontade de rezar que nem conseguia me concentrar. Começava até já a faltar às aulas para ficar horas seguidas a pensar em coisas espirituais! E as coisas espirituais não são boas? Mostrastes que estas não eram, acabavam por me levar aonde eu não queria.

O que então aprendi marcou a pessoa que sou, até hoje. Percebi que nem tudo o que parece é... Percebi que o que às vezes me parecia muito santo – como não dormir para rezar ou comer mal para fazer penitência (como Santo Onofre) ou estar sempre a remoer lágrimas sobre os mesmos pecados passados – eram realmente grandes tentações que me impediam de avançar. Percebi que na vida espiritual não basta ser generoso, que é preciso também ser inteligente, não se deixar enganar. Percebi que as tentações nem sempre nos aparecem como coisas más de que devemos fugir. Frequentemente é mesmo o contrário, o tentador se disfarça de anjo bom e nos sugere interiormente coisas aparentemente boas para acabar por nos afastar do caminho que inicialmente queríamos.

Convosco como Mestre, eu tinha aulas práticas todos os dias. Uma vez, sentado na margem de um rio, abristes minha inteligência de tal maneira que aprendi mais nesse dia do que nos outros sessenta e tantos anos da minha vida[4]. Guiado por vós sentia-me dando passos de gigante, não em grandes mudanças exteriores, mas na sabedoria interior, na arte do discernimento. Isto, claro, teve também as suas consequências exteriores: cortei as unhas e o cabelo, tornei-me minimamente civilizado, abri-me aos outros. Mestre.

---

4   É a famosa "ilustração" mística junto ao rio Cardoner. Cf. *Aut*, 30.

Chamei-vos de Mestre e comecei a me entender.

Foi nesta altura que, subitamente, aquele pequeno terraço se iluminou com a candeia de alguém que nele entrava. "Mestre Inácio, não queria interromper, mas trago uma carta de Francisco Xavier". Iluminaram-se os olhos de Santo Inácio. Francisco, o grande amigo e companheiro da primeira hora, tinha partido há doze anos para o Oriente, em missão de jesuíta. Nunca mais se tinham visto, e no entanto, Inácio acompanhava tudo o que lhe acontecia pelas vivas cartas que Francisco Xavier escrevia[5], cheias de pormenores acerca do seu trabalho de apóstolo no outro lado do mundo. Sentou-se em um banquinho que estava ali no terraço e a leu sem pressa. No fim, pousou a carta e ficou olhando as estrelas. Corriam-lhe as lágrimas silenciosamente.

O Senhor-de-todas-as-coisas

Saudades, Senhor? Sim, saudades, mas sobretudo gratidão. Vós nos chamastes e nos enviastes. Francisco na Índia, eu aqui, em Roma, ao vosso serviço. Lembro-me dos tempos em que estudávamos juntos na Universidade de Paris. Naquela altura estávamos bem longe de imaginar que vinte anos depois eu estaria aqui, em Roma, como superior de uma ordem religiosa e ele na Índia! E, no entanto, já lá estava tudo em germe – em Paris quando nos oferecemos a vós para o que quisésseis.

Fico espantado que vós – Senhor eterno de todas as coisas – nos convidais a trabalhar convosco na obra da salvação. E no entanto, vossas palavras são claras: "Não fostes vós que me escolhestes, fui eu que vos escolhi pelo nome para irdes e dardes fruto" (Jo 15,16).

---

[5] São Francisco Xavier deixou Roma em março de 1540. Morreu em dezembro de 1552. Embora Santo Inácio tivesse, de fato, recebido cartas de São Francisco Xavier, este episódio no terraço é um artifício literário.

Rio-me da pequenez dos meus sonhos antigos, quando os comparo com a realidade presente. Sonhava servir alguém verdadeiramente grande. Qual cavaleiro digno deste nome não o desejava? Partir para a luta ao lado de um grande senhor cujas causas fossem suficientemente grandes para poder torná-las minhas e a quem me ligassem laços suficientemente fortes para poder dar a vida debaixo da sua bandeira. A corte do rei católico tinha-me impressionado no tempo em que aí servi.

Um dia – quando todos estes sonhos já pertenciam ao passado – veio ter comigo um nobre como eu nunca tinha conhecido outro. O seu caráter era bondoso, corajoso e justo. O seu plano era já conhecido de muitos. Conquistar o mundo inteiro para o entregar a Deus. Convidou-me a ir com ele: "Vem, lutarás o meu combate. Terás parte comigo nos momentos duros como terás nos momentos de glória. Comerás à minha mesa, passarás o que eu passar. Trabalharás comigo de dia e vigiaremos os dois de noite".

Como é que eu podia dizer não a vós? Dei-vos tudo. Não vos dei coisas "grandes e difíceis", como uns anos antes. Já não se tratava de "fazer coisas", mas de ligar a minha liberdade à vossa vontade para sempre, para o que vós quisésseis. Dei-vos o meu coração, o resto dos meus dias, o que quer que isso viesse a significar...

E não me limitei a dizer que sim, a aceitar vosso convite. Eu vos fiz um pedido. Imaginando-me solenemente diante de vós, de vossa mãe e de toda a corte celestial, pedi para que minha vida fosse parecida com a vossa também na pobreza que passastes e nas humilhações que sofrestes. Com vossa graça, claro. E mesmo isso, só se fosse a vossa vontade. Agora sim, agora tinha dado tudo a vós e tudo em mim era desejo de começar a trabalhar sob vossas ordens.

A imagem que me vinha de vós já não era a do Mestre interior que com paciência ensina o discípulo a conhecer a sua própria alma e a interpretar o que lá se passa. Não, porque agora a vossa presença fazia-me voltar não para dentro, mas totalmente para fora de mim, para a salvação dos outros, para o mundo, para o vosso serviço. Chamei-vos Senhor-de-todas-as-coisas, porque era como rei e senhor do mundo inteiro que me convidavas a trabalhar convosco na obra de salvação.

Vêm-me à memória algumas páginas dos Evangelhos. Vejo-vos a caminhar decidido pela praia, convidando Tiago e João a deixar as redes e os barcos e a ir convosco (Mc 1,19). Vejo-vos a vos aproximardes do balcão onde Mateus cobrava os impostos, a olhá-lo nos olhos e a dizer-lhe "Segue-me!" (Mt 9,9). Não adoçais as vossas palavras com rodeios, não fazeis jogos de sedução ("Seria no fundo até muito vantajoso para ti se viesses comigo porque..."). Não! Ides direto ao assunto e pedis tudo. Fascina-me a segurança com que o fazeis! Percebo tão bem aquele parágrafo do Evangelho onde se conta que, ao ouvir-vos, alguém saiu do meio da multidão e gritou perante todos "Seguir-te-ei para onde quer que fores!" (Lc 9,57). E ainda aqui não escondestes nada. "As raposas têm tocas e as aves do céu têm ninhos, mas o Filho do Homem não tem onde encostar a cabeça" (Lc 9,58).

Foi daqui que nasceu a Companhia de Jesus. Para além de Francisco Xavier e de mim, do nosso grupo faziam ainda parte Laínez, Salmerón, Simão Rodrigues, Bobadilha e Fabro. Um dia, um contou aos outros a sua decisão de vos seguir; outro disse qualquer coisa como: "Engraçado, eu também tenho estado à espera do momento para vos dizer que..."; um terceiro abriu também o jogo e no fim ninguém queria acreditar que nós, os sete, tínhamos todos decidido o mesmo sem nada sabermos uns dos outros: seguir-vos em pobreza e ajudar à salvação do mundo. Ficaríamos ligados para sempre. Ligados por vós.

Chamei-vos Senhor-de-todas-as-coisas e fiquei totalmente às vossas ordens.

Jesus

Reunimo-nos e decidimos ir a Jerusalém. Eu já lá tinha estado, onze anos antes, sozinho, como peregrino entre peregrinos. Teria até ficado, se mo tivessem permitido. Agora voltaria, com os outros, para ali ficar para sempre e ali vos seguir. O nosso fascínio por Jerusalém devia-se unicamente ao nosso fascínio por vós. Se quiséssemos seguir um mero ideal abstrato nunca pensaríamos em ir a Jerusalém. Mas não, seguíamos alguém que tinha se encarnado, em um tempo perdido, mas em um espaço ainda acessível. A decisão de vos seguir levava a um desejo quase físico de proximidade convosco. Jerusalém.

A viagem de barco acabou por não ser possível – tínheis outros planos para nós – mas a viagem interior, essa eu a fiz por vezes sem conta com a imaginação. Por vezes sem conta compus e habitei na oração os lugares em que vós habitastes, mesmo aqueles em que fisicamente nunca estive: a estrada que vai de Nazaré a Belém; a gruta de Belém em que nascestes; o rio Jordão, onde fostes batizado; o mar da Galileia, onde chamastes os apóstolos; o Templo de Jerusalém, onde pregastes; o Jardim das Oliveiras, onde rezastes etc.

Muitas vezes dei comigo mesmo a ver na oração, não este ou aquele lugar da Terra Santa, mas a Terra toda, à qual viestes, e nela, a humanidade (pela qual vos encarnastes) em toda a sua diversidade de povos, "uns brancos e outros negros, uns em paz e outros em guerra, uns chorando e outros rindo, uns são e outros enfermos, uns nascendo e outros morrendo". A impossibilidade de ir à Terra Santa acabou, em certo sentido, por fazer voltar os nossos olhos para o mundo inteiro. É curioso como tantas vezes me falaram de "fugir do mundo" como o grande ideal de quem vos queria seguir. Eu francamente –, para vos seguir, não podia senão amar o mundo, tal como vós o tínheis amado. Fugir do pecado, sim. Fugir do mundo, não. Vinham-me em jorros à mente cenas de vossa vida no mundo: caminhando de aldeia em aldeia com os apóstolos, pregando o evangelho nas sinagogas ou junto ao lago, participando de um casamento na Galileia, enviando os apóstolos a pregar pelos caminhos, curando os doentes na praça pública, subindo de noite ao monte para rezar na solidão.

Já não vos chamei Mestre interior nem Senhor-de-todas-as-coisas. Chamei-vos simplesmente pelo vosso nome próprio aqui na Terra: Jesus. E quando digo este santíssimo nome não penso em um ser do outro mundo a pairar sobre as cidades deste mundo, mas no Filho de Deus feito homem, que na Terra viveu, pregou, fez amigos e inimigos, rezou, se entregou, e escolheu apóstolos, que o acompanhavam como companheiros seus.

Era precisamente assim que nós sete nos víamos a nós mesmos: Companheiros de Jesus. Muitas vezes, no princípio, as pessoas achavam estranho ver um grupo de homens e rapazes vestidos com o traje acadêmico da Universidade de Paris falando de Deus. Perguntavam-nos quem éramos, afinal. A nossa resposta oficial era sempre: "Companhia de Jesus". Por detrás dessa designação havia todo um estilo de vida.

Ser vosso companheiro significava, antes de mais nada, para cada um de nós, ter tempo a sós convosco, ter convosco aquela familiaridade de "um amigo que fala ao seu amigo". Mas significava também, como consequência disso, continuar vossa missão no mundo, anunciar a vossa doutrina, "ajudar as almas", socorrer aos mais necessitados.

Quando chegamos a Roma, tudo isso se tornou muito real. Não parávamos. Havia a Casa de Santa Marta, que abrimos para tirar moças da rua; havia a casa dos catecúmenos, onde acolhíamos judeus que se preparavam para o batismo; havia por vezes várias pessoas fazendo exercícios espirituais ao mesmo tempo em pontos diferentes da cidade, que era preciso visitar e acompanhar. Isso tudo para além das nossas atividades regulares, como dar catequeses nas praças e nas igrejas, visitar hospitais e prisões e ir pedindo esmola de porta em porta. E, enquanto tudo isso acontecia em Roma, já outros companheiros trabalhavam em outras partes do mundo. Xavier em Goa, Rodrigues em Évora, Fabro em Ratisbona, para não falar de muitos outros.

Companheiros vossos! Onde íamos buscar a força e a inspiração? Como sempre, nas cenas do Evangelho, sobretudo naquelas onde vos vemos em ação. Ver-vos é importante. Não basta pensar que perdoais a mulher adúltera (Jo 8,3-11), é preciso vos ver, desafiando aquelas pessoas de bem a atirarem a primeira pedra na pobre mulher apanhada em adultério. Quando se vê essa cena não é estranho que nasça uma obra como a Casa de Santa Marta. Também não basta pensar que deixáveis aproximarem-se de vós as criancinhas (Lc 18,15-16), é preciso ver os pequenos sentados sobre os vossos joelhos e pendurados em vós como cachos, a beberem vossas palavras. Daqui a ir dar catequese às criancinhas no *Campo dei Fiori* é só um virar de página.

O Senhor-da-bandeira-da-cruz

Companheiros de Jesus! Mas nem tudo eram rosas. Até com as próprias crianças... Lembrai-vos de quando me atiraram maçãs enquanto eu dava catequese?! Pobres crianças, achavam divertida esta minha pronúncia de meio espanhol, meio latim e meio italiano! Vinham atrás de mim, riam-se e atiravam maçãs! Eu continuava...[6] Também gostavam de maçãs as vossas crianças, Senhor? As minhas verdadeiras perseguições, aqui em Roma, eram, no entanto, bem outras. Miguel Landívar, o criado de Francisco Xavier que já em Paris tinha tentado me matar, fez de tudo para que eu fosse expulso de Roma. Outros acusaram-me de ter sido condenado como herético em outros países e de agora estar fugindo na cidade eterna!

Nada disso me espantou. Já estava preparado, mal entrei em Roma e vi as suas janelas fechadas, tive a intuição de que aqui encontraríamos muitas contrariedades. Mas tive também uma grande confirmação de que tinha sido "posto convosco", pelo Pai, no caminho da cruz.

O que verdadeiramente me espanta é como, ao longo da minha vida, me destes sempre a graça de passar tantas perseguições, sem nunca verdadeiramente me assustar ou minimamente me afastar de vós. Quantas vezes tive de comparecer diante de tribunais da inquisição?![7] Quantas vezes fui tido por louco? Quantas vezes fui acusado de ser herético ou de ser desencaminhador de pessoas de bem?!

Se tudo eu vivi com tanta paz, a razão é só uma: nestes momentos sempre me senti estranhamente unido a vós. Salvaguardemos as distâncias, mas também a vós vos zombaram, também a vós vos prenderam, cuspiram, bateram, acusaram com mentiras de coisas que não tínheis feito, vos levaram pelas ruas de Jerusalém com a cruz às costas,

---

6 Uma das testemunhas do processo de beatificação de Santo Inácio recordava-se ainda, cinquenta anos mais tarde, de ter visto Santo Inácio pregando no *Campo dei Fiori* (cf. IDIGORAS, Ignacio Tellechea J., *Inácio de Loyola Sozinho e a Pé*, São Paulo, Loyola, 1991, 247). A mesma testemunha afirma: "Conheci o Padre Inácio que pregava em Zeccha Vecchia e os meninos atiravam-lhe maçãs; ele suportava isso com paciência, sem se irritar, e prosseguia com o sermão" (*idem*).

7 O comparecimento de Santo Inácio perante tribunais da Inquisição é quase uma constante em sua vida, seja em Alcalá (cf. *Aut*, 58 e ss.), em Salamanca (cf. *Aut*, 64 e ss.), em Paris (cf. *Aut*, 81 e 86) ou em Veneza (cf. *Aut*, 93).

como se fôsseis algum criminoso, e finalmente vos condenaram injustamente. Unido a vós.

Lembrai-vos, por exemplo, daquela vez – já se passaram trinta anos – em que eu ia sozinho pela estrada afora e uns soldados me prenderam, tomando-me como espião do exército inimigo? Como eu não sabia responder às suas muitas perguntas, começaram a me despir e a revistar cada peça da minha roupa à procura de alguma mensagem escrita. Finalmente, agarraram-me e levaram-me a percorrer três grandes ruas, quase como Deus me pôs no mundo. (Ainda sugeri que talvez me pudessem dar a capa, mas não acharam boa ideia...) Mas o mais extraordinário é que, enquanto eu era assim levado, imaginei-vos a vós sendo levado pelas ruas de Jerusalém e veio-me uma tal alegria que o capitão acabou por se zangar com os soldados por terem prendido, em vez de um espião, um louco!

Nesses momentos, a consolação não me vinha só de me parecer convosco, mas de estar a passar por vós uma pequena parecença do que vós passastes por mim. É estranho como o sofrimento nos pode unir a vós!

Chamei-vos Senhor-da-bandeira-da-cruz. Digo "Senhor" não sei como, pois agora tudo o que em vós é poder parece que se esconde. E vêm-me à mente as cenas de vossa paixão. Que rosto tão diferente! Sois o mesmo Jesus que antes percorria ativo e decidido os caminhos da Galileia, pregando e fazendo milagres. Só que agora estais de mãos atadas e em silêncio. Já não ides, levam-vos. Já não dais, tiram-vos. Já não vos pedem para falardes, interrogam-vos. Pareceis impotente. Quem vos seguia por causa de vossos milagres, acaba por vos abandonar.

Imagens como estas da vossa paixão vêm-me frequentemente à mente e estranhamente descansam-me. É como se o fundo da verdade fosse somente este que – depois de tudo dito e depois de tudo feito – resta a oferta tranquila do que não podemos mudar. E há tanto nesta vida que não podemos mudar! Vivemos tantas vezes na voz passiva! Culpa dos outros? Culpa nossa? Culpa de ninguém, por vezes...

Já não penso no muito que farei por vós como vosso companheiro. Penso agora no que passarei convosco em silêncio, unido à vossa paixão. Claro que nada farei para provocar humilhações, mas, se me é permitido, eu vos peço que, para me parecer mais convosco, eu tenha "mais pobreza que riqueza; mais humilhações convosco cheio delas que honras; mais o ser considerado como louco – convosco, que primeiro fostes tido por tal – que sábio ou prudente neste mundo". Afinal, o discípulo não é mais do que o Mestre...

O Cristo-escondido-e-tão-presente

Olho para trás, Jesus Cristo, para estes sessenta e três anos, e vejo como aos poucos vos fostes revelando a mim, conforme eu podia entender, em tantos rostos vossos. Olho para trás, e vejo como cada rosto vosso me levava a vos seguir de uma nova maneira.

Fostes para mim o Senhor-do-tudo-ou-nada. "Ninguém pode servir a dois senhores"! E eu só pensava em mudar radicalmente de vida e em fazer grandes coisas por vós pelo grande amor que vos tinha, para pagar todos os meus pecados passados. Tivestes compaixão de mim e me guiastes pela mão. Chamei-vos Mestre porque interiormente me abríeis os olhos e ensináveis. E recolhi-me na minha alma, deixei para trás os exageros do "quanto mais difícil melhor" e aprendi a arte do discernimento.

Senti que me convidáveis a vos entregar todo o meu futuro ao vosso serviço, para o que quer que me pedísseis. Tal como fizestes a Simão Pedro, na praia, quando o convidastes a largar as redes e a ir trabalhar convosco: "Vem!" Chamei-vos Senhor-de-todas-as-coisas. Disse-vos um sim sem condições. E pus todo o meu futuro em vossas mãos.

Veio a vida concreta. A decisão de vos seguir deu lugar ao arregaçar das mangas, ao seguimento prático na vida do dia a dia. Eu vos vi – ativo e vitorioso – percorrendo a Terra Santa, sempre de um lado para o outro, pregando, curando doentes, rezando no monte, dando instruções aos apóstolos. Chamei-vos pelo vosso nome próprio aqui na terra, Jesus. Arregacei as mangas, atirei-me à vida, abracei o mundo. E não quis mais nada senão imitar-vos e ser, com outros, "companheiro de Jesus".

Com a atividade vieram os fracassos, as humilhações, as perseguições. Eu vos vi em Jerusalém, sendo acusado perante o Sinédrio de coisas que não tínheis feito, sendo esbofeteado por militares, sendo abandonado por tantos que vos tinham seguido, sendo crucificado – Vós, o Filho de Deus! – E tudo isto por mim. Chamei-vos Senhor-da-bandeira-da-cruz. Mais do que imitar-vos, desejei estar convosco em vosso sofrimento, acompanhar-vos também aqui, nesta entrega passiva da vida. Pedi-vos para ser posto convosco debaixo dessa vossa bandeira e para passar o que vós passastes, se o pudesse passar convosco. E ocasiões não me faltaram para o fazer. Nesta noite, neste terraço, sob este imenso céu de estrelas, ajoelho-me perante a grandeza que me ultrapassa. *Cristo-escondido-e-tão-presente*! Olho e não vos vejo, só vejo as estrelas e a Lua, em quarto minguante. É como se nada mais quisésseis senão que tudo o resto brilhasse e aparecesse, e que a vossa luz – sol escondido – nada ofuscasse e tudo realçasse.

Sois tão grande que vos escondeis, para que tudo seja maior. Espanta-me este fato de que podemos andar pelo mundo sem nunca vos ver. Nunca vos impondes como imprescindível. É isso o amor, não é?

Fosse eu Deus, Senhor, escreveria o meu nome em cada estrela, para que nunca um astrônomo, ao espreitar pela sua luneta, pudesse olhar o céu sem pensar em mim.

Vós não! Vós sustentais escondido o ser de todas as coisas, lá em cima nos céus e cá em baixo na Terra.

A mim, já desde há muitos anos, me destes a graça de vos descobrir e de vos encontrar em todas as coisas. Não só nas estrelas e nas outras criaturas, mas também na notícia que chega de repente e até na sala de espera da audiência papal, enquanto penso nos assuntos que tenho de tratar com o Sumo Pontífice. Que vergonha, quase não conseguia disfarçar as lágrimas! Estais em toda a parte e em todos os assuntos, e tudo sustentais com vosso amor. E isso não é figura de estilo, dizer que estais presente em todas as coisas, não é embelezar artificialmente a realidade, é desnudá-la e vê-la como realmente é.

Entre aqueles que, como eu, são apaixonados por olhar estrelas, há quem se queixe daquele momento em que se faz tarde e há mil coisas para tratar. Comigo nunca foi assim. Quanto mais olho as estrelas mais desejo me vem de iniciar novos projetos por vós[8]. Contemplar estimula-me a criatividade. Este ano já escrevi quase mil cartas, sabes?[9] Roma devia abrir uma estação de correios só para mim! Foram um pouco para todo mundo, tratando de muitos negócios e assuntos diversos, para os companheiros nos vários países, para várias cortes da Europa, para os colégios que estamos fundando, para as missões que estamos abrindo. Às vezes pareço um homem de negócios. E tudo isso – vós o sabeis – por causa das estrelas, por causa de vós. É isso o amor, não é?

Parece-me que o amor, no fundo, se deve pôr muito mais nas obras que nas palavras. É assim o vosso amor por mim. Quero que seja assim o meu amor por vós.

Bem, Senhor, há cartas à espera sobre a minha escrivaninha.

Toma a minha liberdade, a minha memória, o meu entendimento e a minha vontade. Tudo o que tenho e tudo o que possuo. Vós me destes, a vós o restituo. Tudo é vosso, de tudo disponde, segundo a vossa inteira vontade. Dai-me o vosso amor e a vossa graça, que isso me basta.

É isso o amor, não é?

---

[8] "Com isso (contemplar as estrelas) sentia um empenho muito grande em servir a Nosso Senhor" (*Aut*, 11). Por detrás deste fato está, parece-me, a dialética entre contemplar e agir, própria da espiritualidade inaciana. Segundo a famosa expressão de Jerônimo Nadal, confidente de Santo Inácio, ele era "contemplativo na ação". Trata-se de "encontrar Deus em todas as coisas" e de encontrar em Deus todas as coisas. Confiança e uso dos meios humanos vêm assim relacionados de modo já não dicotômico, mas dialético, a fé exprimindo-se na ação e a ação cumprindo-se no abandono.

[9] Do ano 1555, conservam-se cerca de mil cartas escritas por Santo Inácio.

Laboratório de Tentações
A tentação

Apresentado em Coimbra, em março de 2003, no XXII Encontro Fé e Cultura, promovido pelo CUMN – Centro Universitário Manuel da Nóbrega.

Recebi há tempos um telefonema da redação que me deixou entusiasmado. Pediam-me para fazer uma reportagem sobre um laboratório. Um laboratório especial, nem farmacêutico nem de física, mas... um laboratório de tentações! Que nome estranho! A redação não sabia me dar mais pormenores, a não ser que lhes parecia que isso podia dar um artigo interessante.

Tentações? Tenho de confessar que sempre achei o tema divertido. Adão e Eva, a serpente, uma maçã irresistível! E depois, aquelas ideias todas do pecado, das coisas proibidas que por isso se tornam mais apetecíveis. Fiquei entusiasmado, mas também, no fundo, um pouco nervoso. Que tentações iria encontrar nesse laboratório? Que capacidade teria eu para visitar esse local e conseguir manter uma postura... digamos... profissional?

Mas trabalho é trabalho e lá me dirigi para os subúrbios da cidade, para o endereço indicado. Por um portão entrei em um vasto jardim, no fundo do qual se avistava, por fim, uma série de vários edifícios de um só andar. "Laboratório de Tentações", dizia um letreiro bem iluminado. Pediram-me que me sentasse, que a doutora Maria da Luz já vinha.

"Bem-vindo ao laboratório; desculpe tê-lo feito esperar". Voltei-me. A pessoa que me estendia a mão era uma mulher simpática e calorosa, de cabelo amarrado e um lenço esvoaçante no pescoço que lhe dava um ar ao mesmo tempo descontraído e profissional. "Sou Maria da Luz, a relações públicas do laboratório".

Depois de algumas palavras de circunstância, a doutora Maria da Luz me explicou que raramente autorizavam visitas às instalações. Que eu tinha razões para me sentir privilegiado.

– Percebemos que era grande o interesse da sua revista em nos visitar e resolvemos abrir uma exceção. Se não fazemos isso habitualmente não é porque tenhamos qualquer sigilo a ser guardado. Tudo aqui é simples e claro, como poderá ver. Habitualmente não aceitamos visitas para não perdermos tempo, todas as nossas energias estão orientadas para dar aos nossos clientes os melhores produtos. É só isso que nos interessa. Se quiser, podemos conversar aqui um pouco e depois dar uma volta pelo laboratório.

A cada cliente a sua tentação

– Muito bem – disse eu, puxando do bloco de notas. – Comecemos então pelos clientes. Quem são os clientes de vocês?

São pessoas de todo o gênero: donas de casa, comerciantes, jornalistas, políticos, artistas e até padres... A nossa missão é difícil porque tem de dar uma resposta de qualidade a clientes muito diversificados. Como o senhor poderá entender, uma boa tentação para uma dona de casa não serve necessariamente para um advogado. Ainda há poucas semanas aconteceu isto: tínhamos uma tentação já pronta para um advogado, mas, por um engano do departamento comercial, essa tentação foi parar nas mãos de uma dona de casa de um meio rural muito tradicionalista. A tentação até era muito boa para o jovem advogado, era uma tentação de sucesso profissional, baseada em uma mentira pequenina, inofensiva, acerca de um colega de escritório, mas com a dona de casa não funcionou, recebemos logo uma carta furiosa da sua parte, dizendo que os pais tinham lhe ensinado desde pequena que era muito feio mentir e que – quanto a sucesso profissional – não estava minimamente preocupada, pois sabia ser a melhor dona de casa da aldeia. De fato, para essa cliente, tínhamos preparado outra tentação, baseada em uma pequena inveja do bolo de chocolate da vizinha, que facilmente levaria a um corte de relações entre as duas e ao fim do grupo paroquial em que ambas estavam inseridas. O departamento comercial estragou tudo. Como vê, o nosso trabalho é muito difícil, porque tem de ser extremamente personalizado. A cada cliente o seu produto.

E, dizendo isso, me apontou um quadro na parede:

Para ajuda dos nossos estagiários, colocamos em algumas salas as regras da tentação. Nesta lê-se precisamente: "1ª Regra: A CADA CLIENTE A SUA TENTAÇÃO".

Os segredos

– Desculpe a ignorância – interrompi-a – mas a que se refere quando fala em produtos? Exatamente, o que é que se produz neste laboratório? Estou certo que os meus leitores estarão curiosos...

– Aí está uma boa pergunta. Já agora, por curiosidade minha, que ideia acha que têm os seus leitores a este respeito?

– Não sei – respondi atrapalhado. – Creio que pensarão em produtos que induzam as pessoas em tentação: drogas de vários tipos, roupa sensual, erótica, armas, sei lá...

Maria da Luz deu uma gargalhada sinceramente nervosa.

– Que horror! Que ideia má as pessoas têm de nós. Nós somos uma empresa decente, nenhuma dessas coisas que mencionou tem a ver conosco. Nós íamos lá produzir armas! E sexo... por que é que se pensa logo em sexo quando se fala de tentações? Há outras tentações tão mais interessantes e eficazes!

– Mas então... o que produzem?

– Algo muito simples e inofensivo... nós produzimos segredos.

– Segredos?

– Sim, nunca lhe disseram um segredo ao ouvido, uma coisa na qual depois fica pensando e diz a outras pessoas ou guarda secretamente só para si, começando a agir de acordo com esse segredo? É isso que nós produzimos, segredos.

— Peço desculpa, mas não estou entendendo nada. Importa-se de me dar um exemplo?

— Claro, vamos devagar. Comecemos com um exemplo clássico, o da maçã. — E, dizendo isto, tirou da estante uma maçã e a colocou sobre a mesa.

— Sempre admirei este produto de vocês — comentei —, é genial na sua simplicidade!

Calma, esta maçã não é um produto nosso, é uma simples maçã comprada esta semana em um supermercado qualquer da cidade. O produto vem agora a seguir. — E, inclinando-se sobre o meu ouvido, disse-me um segredo tal que me foi muito difícil não pegar logo na maçã para a comer. Aquela simples maçã tornou-se para mim especial e, de certo modo, fascinante. Peço desculpas por não reproduzir o que me foi dito, mas foi algo tão pessoal que teria de desvendar coisas da minha vida privada para vocês.

— Caramba! Não sabia que me conhecia assim tão bem — disse eu, atrapalhado. — Mas, voltando à maçã, no caso de Eva era uma maçã especial, uma maçã tentadora...

— O caso de Eva foi igual ao seu, o que a tentou foi um segredo que a serpente lhe disse: "Se comeres essa maçã, serás como Deus, dona do bem e do mal". Foi esse segredo que fez daquela maçã uma maçã tentadora para ela. Está vendo? É assim que funciona uma tentação.

— Acho que tem de me explicar melhor...

— É muito simples, as coisas em si mesmas não são boas nem más, são só o que são: peças de fruta ou de roupa, ou seja lá o que for. Veja uma faca, por exemplo. Uma faca é boa ou má? Depende, pode ser usada para assassinar um rival político ou para cortar uma fatia de pão e dar de comer a um pedinte. As coisas são todas ambivalentes, nem boas nem más. O que faz a diferença é o uso que fazemos delas e a intenção que pomos. É aí que entram os segredos. O que nós produzimos são segredos acerca de tudo e mais alguma coisa, de uma maçã, de uma arma, do bolo de chocolate da vizinha, do sucesso profissional, do poder que o dinheiro tem para dar felicidade, da importância da imagem pessoal etc. Dizemos segredos que tornam as coisas fascinantes.

— Mas há segredos que não são tentação – interrompi –; um dia, há vinte anos, uma pessoa segredou-me que eu a atraía e começou aí uma história muito bonita que dura até hoje... Não me venha dizer que todo o fascínio é tentação!

— Claro que não! Infelizmente para nós a vida está cheia de fascínios que levam as pessoas para o bem. Ora, só são tentações aqueles fascínios que desviam a pessoa do bem. Ou seja, há fascínios e fascínios... Segredos que não servem para afastar do bem, ainda que venham rodeados de imenso fascínio, não são tentações. Podem ser fascinantes, mas são para nós uma mera perda de tempo e aqui não nos ocupamos com eles. Os segredos que aqui produzimos e fazemos chegar até aos nossos clientes são testados no nosso laboratório e têm garantia de tentação.

E, dizendo isto, apontou-me a segunda regra da tentação:

— Está vendo? "2ª Regra: TODA A BOA TENTAÇÃO DEVERÁ TER DUAS QUALIDADES, A PRIMEIRA É FASCINAR, A SEGUNDA DESVIAR".

Olhei para esse novo quadro e vi, ao lado dele, uma fotografia emoldurada, igual a outra que já tinha me chamado a atenção no *hall* de entrada. Um homem de meia-idade, engravatado e sorridente, com um copo de uísque na mão. Poderia ter sido tirada em algum coquetel. Maria da Luz reparou que eu tinha fixado o olhar nessa foto, mas desviou a minha atenção:

— Outro departamento importante do nosso laboratório é o departamento de distribuição.

A seção de apoio ao cliente

Sim – disse eu, fingindo curiosidade –, já tinha pensado como é que vocês fariam chegar os produtos aos seus clientes. Quais são os canais de distribuição que vocês utilizam?

— Essa é uma parte muito fácil do nosso trabalho. Os segredos espalham-se com muita facilidade e hoje, com a globalização, uma boa tentação chega em poucas horas ao outro canto do planeta, havendo quem colabore. Há também pessoas que vêm diretamente aqui ao laboratório, pois temos uma seção de apoio ao cliente, um gabinete de aconselhamento com entrada pela rua de trás, dirigida por assistentes competentes. Para além disso, utilizamos todos os meios que possa imaginar, dos mais tradicionais aos mais sofisticados: as conversas dois a dois, entre amigos, os meios de comunicação social, a internet e, em ambientes menores, os mercados e as barbearias. Há sempre gente de bom coração disposta a colaborar conosco. Ah, é verdade! E os cabeleireiros, claro!

– Falou de uma seção de apoio ao cliente, importa-se de explicar melhor como funciona essa seção?

– Então, porque não vamos dar uma volta pelo laboratório? Se quiser podemos passar à câmara secreta de aconselhamento, onde, neste momento, um dos nossos assistentes está apresentando um produto a uma cliente.

Introduziu-me então em uma pequena sala de onde, através de um vidro, se via uma moça, aí de uns dezesseis anos, sendo aconselhada por um homem de cabelo grisalho com um ar muito profissional.

– Podemos ficar à vontade – tranquilizou-me Maria da Luz –, que o vidro só permite ver nesta direção. O doutor Veríssimo está aconselhando essa moça com produtos da Linha Familiar.

– Não sei o que fazer, senhor doutor – dizia a moça com os olhos postos no chão. – Os meus pais ontem tiveram uma enorme discussão e o meu irmão até ameaçou sair de casa. Eu fico dividida, sem saber a quem dar razão. Os meus pais sempre se deram bem e acho que nós agora não sabemos lidar com essa sua primeira crise matrimonial.

– Calma, Edith – respondeu o doutor, segurando com amizade as mãos da moça. – Imagino como toda essa situação esteja sendo dura para você. Mas você tem de ser forte e enfrentar a realidade, o casamento dos seus pais chegou ao fim. Você tem de entender, já não é uma criança. Quando você era criança brincava com bonecas e imaginava que o casamento dos seus pais duraria para sempre, mas a vida não é assim. O melhor é que você ajude seus pais a se separarem o quanto antes para que não sofram mais. Essas situações são tão dolorosas quando se deixam arrastar... Você ama os seus pais, não é?

– Mas, doutor – interrompeu a moça –, parece-me que talvez ainda haja esperança, foi só uma discussão...

– Você não entende que, neste momento, pode ter uma terceira pessoa na confusão? E não haverá também uma quarta? Abre os olhos, Edith, e seja forte. Seja adulta.

– Custa-me tanto imaginar o casamento dos meus pais desfeito!

– Você tem de enfrentar, amiga. Não quer que eles sejam felizes? Pensa como cada um poderá depois refazer a sua vida com outra pessoa, que o fará feliz... Talvez neste momento a única coisa que os mantém juntos sejam vocês. E não seria melhor você ter uma conversa com a sua mãe e lhe dizer que não se preocupe contigo, que você já está crescida, e que por você, você gostaria que ela recomeçasse a sua vida? Faça isso pela sua mãe. Você não a ama? Gostaria de ver ela sofrendo por sua causa?

– Obrigada, doutor, é tão bom ter alguém com quem desabafar!

– Conta comigo sempre que você precisar, Edith! Estarei sempre aqui para te ajudar...

Eu não queria acreditar! Aquele conselho podia destruir um casamento que estava provavelmente atravessando apenas uma fase mais difícil. Há relações que não dão certo mesmo, mas nesse caso não passava de um desentendimento pontual.

– Isso não é justo – reclamei –, ele abusou da confiança da moça!

– Não exagere – retorquiu a doutora Maria da Luz. – Essa foi apenas a primeira conversa... e a moça será sempre livre de fazer o que quiser. Aliás, este é um dos nossos grandes problemas: é que os nossos clientes, no fundo, são livres, e muitas vezes perdemos o nosso tempo a aconselhá-los e eles depois não seguem os nossos conselhos e fazem o que muito bem entendem! Mas isso já não é conosco, nós apenas cumprimos a nossa missão o melhor que podemos. Vamos continuar a nossa visita?

Levou-me então através de corredores de grandes janelas envidraçadas que davam para o jardim, até que chegamos a uma sala onde uma dúzia de pessoas trabalhavam concentradas em seus computadores.

O departamento de *marketing*

Gostaria de lhe chamar a atenção para o trabalho incansável do nosso departamento de *marketing*. É que fazer uma boa tentação, ao contrário do que muitas vezes se pensa, não é nada fácil. As pessoas já estão muito de sobreaviso contra coisas más e temos sempre de arranjar tentações com coisas boas. Hoje em dia já ninguém é tentado por uma coisa má. Aliás, a verdade é que, infelizmente, as pessoas nasceram orientadas para o bem e, no fundo, é só isso que buscam.

E, dizendo isto, apontou-me um quadro onde se lia: "3ª Regra: A APARÊNCIA DE TODA E QUALQUER TENTAÇÃO DEVERÁ SER BOA E POSITIVA".

– Bem, agora não me venha convencer de que a tentação é uma coisa boa! – Retorqui.

Aí é que está a arte, é que o aspecto da tentação tem de ser bom, se não ninguém a pega. Por incrível que pareça, o mal, por si mesmo, já não tenta ninguém. Imagine que o doutor Veríssimo dizia à moça: "Você tem de fazer tudo para que os seus pais sejam infelizes, o mais rapidamente possível"... A moça sairia escandalizada do gabinete e nunca mais voltaria lá. O doutor Veríssimo fez exatamente o contrário; falou para ela apenas de coisas boas. Falou-lhe em ser forte, perguntou-lhe se não queria a felicidade dos seus pais, entusiasmou-a a ser adulta e a fazer tudo para que os seus pais não sofressem. Tudo isso são coisas boas e positivas, mas cozinhadas de tal modo que a moça saiu daqui verdadeiramente decidida a promover o divórcio dos próprios pais. É aqui que está a arte do nosso trabalho! Temos muitas linhas de produtos, adaptados a vários nichos de mercados, mas todos os nossos produtos, antes de saírem, têm de passar pelo departamento de *marketing*, que é de longe o departamento mais importante do nosso laboratório. Tudo tem de ter uma aparência de bem, do contrário não vende! Há tempos, tivemos aqui um estagiário a quem foi dada a missão de tentar convencer um homem honesto a assaltar um banco à mão armada. Só que o estagiário, imagine, resolveu ir logo direto ao assunto falando-lhe entusiasmadamente do prejuízo que esse assalto faria às senhoras que lá tinham depositadas as suas poupanças! Que tolice, claro que não conseguiu nada! Ainda por cima a mãe daquele homem era viúva e vivia da pensão do marido e das magras poupanças que tinha no banco... Devia ter-lhe falado de coisas boas e positivas, como das melhores condições de vida que poderia dar aos seus filhos com o rendimento do assalto, de Robin Wood, que era um homem bom e tirava dinheiro dos ricos para dar aos pobres etc. Seria esse o tipo de segredos certos a respeito desse assalto.

– Sim – retorqui –, enganar uma adolescente de dezesseis anos ou um homem desprevenido pode ser fácil, mas não me convença de que, com estas técnicas, pode levar uma pessoa experiente com sólidos princípios morais.

De fato, pessoas desse tipo são casos mais difíceis e um simples estagiário não basta, é preciso pessoal com mais anos de casa. Mas olhe que até com verdadeiros santos temos conseguido alguns resultados pontuais consideráveis. Ainda há tempos, tivemos o caso de um homem mulherengo, dado à bebida e bastante violento que, infelizmente, foi vítima de uma grande desgraça: converteu-se. Pois é, um dia passou pela porta de uma igreja e nós já não fomos a tempo, quando nos demos conta já estava lá dentro rezando. O Inimigo, claro, aproveitou logo a ocasião e ali mesmo o homem confessou-se e decidiu-se a começar uma vida nova. Tentamos de tudo, desde segredos de tentações sensuais a produtos da linha niilista, sugerindo que ele não aguentaria muito tempo na sua nova vida e que o melhor seria desistir logo... Mas ele, com uma força que lhe vinha sabe-se lá de onde, cada vez avançava mais na má vida, chegando a ponto de ir à missa até durante a semana. Parecia um caso perdido. Foi então que lhe começamos a sugerir produtos da Linha Mais e Mais. São produtos muito bons para certo tipo de pessoas exigentes consigo mesmas. Começamos a lhe segredar: "Você está agindo bem, mas não basta. Faça mais oração, a que você faz não basta; faça mais penitência, a que você está fazendo não basta; confesse-se outra vez, as confissões que você fez não chegam! É preciso mais!". Foi tiro e queda. Começou a ficar pele e osso e ao fim de dois meses estava à beira do suicídio!

– Suicidou-se? – Perguntei, horrorizado.

– Infelizmente, este caso escapou-nos das mãos. Voltou-se para o Inimigo e percebeu que tudo isso era tentação. A partir daí não temos conseguido quaisquer resultados positivos com esse homem. Ficou sabendo demais! Ainda tentamos produtos da Linha F, mas nem esses tiveram resultado.

– Que são esses produtos?

– Bem, a Linha F é uma série de produtos do departamento para pessoas religiosas, que agora tem tido muita saída. F de fundamentalismo. Sabe como é, as pessoas vivem inseguras e os produtos da Linha F pegam muito bem. Em alguns casos, já temos conseguido que uma pessoa vá a um templo para orar e saia de lá com vontade de matar em nome de Deus!!

– Mas isso é mais no mundo árabe, não é?

– É verdade, mas também já estamos conseguindo alguns pequenos resultados aqui no Ocidente. Na Irlanda, por exemplo, têm tido muita aceitação.

Reparei então em mais uma fotografia afixada na parede, igual às anteriores. Não resisti:

– Quem é?

– Já tinha visto que você tinha reparado nele. Simpático, não é? Um grande amigo de todos nós. É o presidente da empresa, o doutor Mefistófeles.

– Mefistófeles?! – Exclamei – Esse nome me diz alguma coisa. Não é também conhecido por outros nomes?

– Sim, tem muitos nomes...

Fixei melhor na fotografia. Tinha a sensação de já ter visto aquela cara em algum lugar, mas com algumas diferenças. De repente, se fez luz. Tapei-lhe com a mão a gravata, troquei o copo de uísque por uma forquilha, imaginei dois pequenos chifres em sua cabeça. "Deus meu! É ele mesmo! Mefistófeles, Belzebu, Lúcifer – o Diabo!". Tentei manter a calma.

– Simpático, de fato – concordei. – Às vezes as pessoas o imaginam menos simpático, não é?

Maria da Luz soltou uma gargalhada.

– Pois é, isso foi uma campanha que fizemos há vários séculos e deu tão certo que os seus efeitos duram até hoje. Todos pensavam que ele era horrível e assim, quando o verdadeiro aparecia, já ninguém fugia dele. Tenho pena de que não o vá conhecer pessoalmente hoje, mas parece que hoje não é possível, está muito ocupado.

Era demais: a pobre da Edith, os fundamentalismos religiosos, as manhas sem conta arquitetadas nas costas de gente desprevenida. De repente, não aguentei mais:

A senhora me desculpe, mas eu não estava preparado para isso. Eu acho puramente inadmissível o trabalho que vocês fazem aqui. Tenho de confessar que sempre brinquei com a questão da tentação e com todos aqueles discursos moralizantes acerca dos perigos das tentações, mas agora acho que vocês não têm direito de fazer o que fazem. Vocês só querem estragar a vida das pessoas e empurrá-las no caminho do mal. O que eu encontrei aqui é um centro de produção do mal. Pode estar certa de que, se eu sair daqui vivo, é isso que escreverei em meu artigo.

– Ah, por favor, acalme-se, ainda não entendeu nada. A tentação em si não é um mal. Não é nem mal nem bem. São situações que a vida traz e onde uma pessoa tem de se decidir e tem de escolher para onde quer ir. A tentação é uma encruzilhada no caminho da vida. É como quando uma pessoa vai na estrada e de repente se depara com uma bifurcação. Pode ir para a direita ou para a esquerda. Sente-se atraída e fascinada por razões diferentes para ir para um lado ou para outro. Não é óbvio qual é o melhor caminho, a pessoa sente-se dividida, é isso a tentação. Nestas encruzilhadas, uns se desviam do seu caminho e andam perdidos, outros seguem para onde realmente querem e tornam-se mais fortes e decididos. Aqui construímos encruzilhadas, mas não decidimos por ninguém. A tentação pode acabar indo sempre para os dois lados, depende da pessoa. Infelizmente é aí que acaba o nosso poder. Mas você já entendeu que, sem tentações, a humanidade seria uma cambada de indecisos infantis, de gente que, nunca tendo tido de escolher verdadeiramente, nunca teria crescido. Portanto, como pode ver, a tentação não é boa nem má, é o que é, uma situação que exige uma escolha. As escolhas é que podem ser boas ou más. E, claro, por vezes há escolhas difíceis...

– Diga-me a verdade – interrompi-a. – Deus tem alguma coisa a ver com esta empresa?

O Inimigo[1] *Vade retrum!* Esse só nos estraga a vida. Mas fez uma coisa que nós não percebemos, mas que aproveitamos ao máximo, deu liberdade aos seres humanos. Olhe, se quer saber a verdade toda, admira-me como é que a nossa empresa tem tido tanto sucesso, pois a verdade é que quase não temos poder. Agradeceria se não escrevesse isso, mas o mundo está nas mãos do Inimigo. Foi ele quem o criou, é ele quem o comanda e nós só temos o poder que ele nos deixa ter. Não sonha como nos irritam os seus métodos, sempre falando à consciência de cada um, sempre inspirando bons desejos, sempre dando mais uma hipótese, sem nunca desistir, sempre fascinando as pessoas para o bem... Às vezes, estamos quase ganhando uma pessoa e lá vem ele com aquela bondade toda e aqueles discursos irritantes do amor, da dignidade de cada ser humano, da fidelidade de cada um à sua consciência, do seu desejo de que todos sejam felizes, e pronto, perdemos o cliente. Às vezes nós o perdemos no último instante, acredita? Ainda por cima, o Inimigo garante que nenhuma pessoa seja tentada acima das suas próprias forças, o que exige de nós imensa arte. Já vê que, entre nós e ele, a luta é desigual. O seu único deslize foi ter criado as pessoas livres, mas até isso, como já expliquei, muitas vezes acaba por se virar precisamente contra nós!

E, dizendo isso, a minha guia apontou-me em um quadro a quarta regra: "4ª Regra: NO FUNDO NÃO TEMOS O PODER, MAS NINGUÉM DEVERÁ SABER!"

O doutor Mefistófeles

Nesse momento, apareceu correndo uma moça esbaforida com uma pasta na mão. – Ainda bem que os encontrei, é que o senhor presidente...

---

1 Assim chama o diabo a Deus no livro de C. S. Lewis, *Cartas de um diabo a seu aprendiz*, que em parte serviu de inspiração a este trabalho.

– O senhor presidente – interrompeu Maria da Luz muito depressa – está muito ocupado e manda dizer que não pode receber o nosso visitante, não é, Clara?

– Bem... não... sim... quer dizer, o senhor presidente manda dizer que teria muito gosto em receber este senhor no seu gabinete.

Maria da Luz virou de costas imediatamente. Ainda a ouvi dizer entre dentes: "Sempre a mesma coisa!". Não percebi o que estava acontecendo, mas lá fui eu. Se ali estava, iria até o fim. Clara deixou-me diante de uma porta pomposa de madeira escura sobre a qual uma chapa dourada dizia simplesmente "Presidente". Entrei. Ali estava ele, Lúcifer em pessoa, tal como o conheci em um livro horrível que li quando criança, com forquilha e tudo. Estava velho, sentado junto a uma escrivaninha e rodeado de pizzas meio comidas e pacotes abertos de batata frita. Sorriu para mim.

Quero agradecer-lhe a visita. Espero que tenha gostado e que não diga muito mal de nós. Também aproveito a sua presença para desabafar um pouco, é que é tão raro termos gente de fora! Estou aqui há tantos séculos, sempre rodeado das mesmas pessoas. De início, quando eu era novo, era uma emoção, mas agora acaba por ser totalmente monótono. Mas o pior não é isso, é a troça que as pessoas fazem de mim hoje em dia. E pior que a troça, a indiferença! Antigamente ainda me convidavam para exorcismos e para umas magias negras. Hoje em dia nem sequer acreditam que eu existo. E sabe o pior? É que eu só existo se acreditarem que existo. Você hesitou ali, por uns momentos, diante da fotografia, mas depois lá começou a acreditar. Por isso lhe peço, não diga mal de mim no seu artigo, tenha compaixão de um velho cansado e desanimado. E mais uma vez muito obrigado pela sua visita. A nossa assistente o acompanhará até a porta.

Despedi-me e já ia abrir a porta quando me chamou de novo:

– Antes de ir embora posso lhe pedir um outro favor? Por favor, posso dizer-lhe só um... segredo? Um pequeno segredinho?

– Não, doutor Mefistófeles – respondi, com uma calma que a mim mesmo me espantou –, já tive hoje segredos que bastem. E além disso está na hora do meu almoço. Bom dia!

E saí.

O sótão
A conversão

Apresentado com o título "O sentido da penitência" em um ciclo de conferências quaresmais promovido pelo Colégio São João de Brito de Lisboa.

Há tempos tirei uns dias para rezar e fazer os meus exercícios espirituais. Passei uma semana em uma grande casa de retiros. É uma casa antiga, que outrora serviu de casa de formação de jovens que tinham deixado tudo para se entregar a Deus em uma vida consagrada.

Ao final do segundo dia, senti dores nas costas por rezar sentado no chão e pensei que uma boa almofada de palha podia me ajudar. Lembrei-me de que talvez eu encontrasse uma no sótão. Felizmente a porta estava aberta.

Entrei. Os sótãos são lugares fascinantes, onde as crianças brincam com o passado dos pais e descobrem que têm uma pré-história. Também eu me perdi um pouco nesse sótão, sob o pretexto da dita almofada de palha, que tardava em aparecer. Havia um pouco de tudo: camas velhas, malas de viagem com fechos estragados, gravuras religiosas, objetos vários de devoção, uma pequena ardósia, uma velha capa de livro que dizia *Manual de Conversão* e caixas de muitos tamanhos. Foi precisamente dentro de uma dessas caixas que encontrei um objeto bastante estranho, um cilício.

O cilício, para quem não o conheça, é uma faixa de malha de arame, mais ou menos com uns dez centímetros de largura, que gerações atrás de gerações usavam ao redor da perna – por debaixo da roupa – para fazer penitência. Algumas das pontas de arame estão voltadas para dentro e – tocando a perna – provocam dor. Tirei o cilício da caixa e levei-o para o quarto, escondido na almofada de palha, que, entretanto, tinha aparecido. Olhei-o e estudei-o por uns minutos. Que pensar deste objeto? Confesso que cheguei mesmo a colocá-lo no braço, para senti-lo. Mas depois me lembrei de que talvez eu não tivesse a vacina do tétano em dia e que uma daquelas pontas de arame velho ainda podia me dar problemas.

Tirei-o e fiquei pensando no noviço que o teria usado. Deixara a família, os amigos e um futuro lá fora para responder a um chamado. E agora, entre as orações, as leituras espirituais, as refeições e os recreios, usava por vezes – mesmo sem ninguém saber – este cilício.

Por quê? A dor pela dor? Pareceu-me que, para lhe fazer justiça, deveria supor que o que o movia no fundo seria simplesmente um grande desejo de ser melhor. Amar a Deus de todo o coração, sem mais hesitações, nem medos, nem infidelidades. Fazer em tudo a vontade de Deus, viver para agradá-lo! E depois dar-se totalmente a quem mais precisa, seja rico ou pobre, por puro amor, livre da tentação de tomar o próprio umbigo como centro do mundo!

Comoveu-me pensar que alguém quisesse tanto ser melhor ao ponto de usar ocultamente um utensílio desses. E pensei que – mesmo que sejamos terminantemente adversos ao seu uso – deveríamos reconhecer que a motivação última das gerações que o usaram não seria certamente o masoquismo, a dor pela dor, mas um desejo de voar mais alto.

Talvez o cilício esteja mesmo errado, mas a questão por trás do seu uso pareceu-me certa e fundamental: *Como é que se faz para se ser melhor?*

Era afinal por causa dessa mesma questão que eu ali estava, naquela grande casa de retiros, longe de tudo e de todos por uma semana.

Deixemos o cilício, por enquanto, sobre a escrivaninha, tal como eu o deixei quando, cansado de tanto pensar, me deitei e adormeci.

Nessa noite sonhei que tinha voltado ao velho sótão e pegado naquele livro com capa de couro que ali tinha visto e cujo título logo tinha saltado à minha vista: *Manual de Conversão*. A capa estava em bom estado, mas por dentro quase todas as folhas tinham sido arrancadas, a ponto de não restar um único parágrafo. Sobravam apenas quatro folhas. Em cada uma delas havia apenas uma gravura e uma legenda.

A primeira folha

Abri a primeira folha. A legenda dizia assim: "SÓ O AMOR CONVERTE".

Na gravura via-se Jesus à mesa, em uma casa respeitável e – em primeiro plano – uma mulher cheia de colares e pulseiras. Tinha os cabelos despenteados e beijava demoradamente os pés do Senhor.

A gravura retratava uma cena que São Lucas descreve no capítulo 7 do seu evangelho. Jesus tinha sido convidado para um jantar de gente piedosa, em casa do fariseu Simão. Inesperadamente, no meio do jantar, a porta se abre e entra aquela mulher de perfume barato que todos bem conheciam da rua. Entra chorando. Aproxima-se de Jesus, beija-lhe os pés, unge-os com perfume, lava-os com as suas lágrimas. Todos se indignam: "Como se atreve uma mulher dessa espécie...?"; Jesus não. Deixa-se tocar, não esconde o pé, deixa-se beijar. Não faz censuras, não dá lições de moral. No fim lhe diz: "Vai em paz!". Poderia ter dito "não voltes a pecar", mas nem era preciso. Bastou-lhe dizer: "Os teus pecados estão perdoados. Vai em paz!". Ela se foi em paz, mudada.

Tocou-me o fato de que aquela noite tenha mudado por completo a vida dessa mulher, ao passo que Simão, depois daquela noite, ficou apenas ainda mais igual a si mesmo. Porque é que um mudou e o outro não? Também Simão esteve com o Senhor. Esteve até mais tempo. Foi até ele que o convidou para jantar!

Pensei que a razão era bastante simples. A mulher amou, ele se defendeu do amor. A mulher se aproximou de Jesus com uma enorme sede de amar e ser amada. Simão se aproximou de Jesus para ter umas conversas interessantes e respeitáveis. Ele e os seus amigos estavam realmente interessados na pessoa de Jesus, mas no fundo estavam agarrados às suas seguranças, ao seu estatuto social, à respeitabilidade da imagem que tinham criado para si próprios. Ela já não tinha nada a perder. Nem estatuto social, nem respeitabilidade, nem imagem de si mesma. Simão esperava de Jesus uma noite bem passada. Ela esperava de Jesus um momento de amor a partir do qual pudesse reconstruir a sua vida toda. Ela mudou, ele não.

Espanta que Jesus, o Salvador, não tenha aproveitado a oportunidade para recordar àquela mulher alguns princípios básicos de bons costumes. Estou convencido de que não o fez por uma razão muito simples: depois de sabidas todas as teorias, a única coisa que, no fundo, nos faz mudar é o amor.

"Só o amor converte", dizia a legenda, o amor aos outros e sobretudo o amor infinito e incondicional a Deus. Cair do alto das nossas seguranças e das nossas defesas para amar e se deixar amar, esse é o maior segredo da mudança.

A segunda folha

Abri a segunda folha. Via-se na gravura um homem rico a distribuir dinheiro por uma multidão de pobres, à porta de sua casa. Os pobres estavam estupefatos. O homem, esse, estava visivelmente feliz. Ele e Jesus, que à janela da casa observava a cena e dizia: "Veio hoje a salvação a esta casa!".

Percebi que se tratava de Zaqueu, o cobrador de impostos de que fala São Lucas no capítulo 19 do seu evangelho. Zaqueu era judeu, mas trabalhava para o inimigo, cobrava impostos para os ocupantes, os romanos. Cobrava até muito mais do que o imperador exigia, e assim enriquecera. Tirava dinheiro dos pobres para se manter nas boas graças dos poderosos, vivia à custa de uns e em função de outros.

Um dia, que havia de mudar para sempre a sua vida, Jesus foi até sua casa. E esse encontro mudou completamente suas relações com os outros. Decidiu restituir generosamente tudo o que tinha cobrado a mais e, quanto ao resto da sua fortuna, dar metade aos pobres. Não passou muito tempo até ter todos eles à porta de sua casa! Era essa a cena que a gravura mostrava: Zaqueu feliz a abrir o cofre, perante os olhares, ainda incrédulos, da população. Sob a gravura uma legenda dizia: "DESCE À PORTA DA TUA CASA E ABRE O COFRE".

Gostei de imaginar Zaqueu tão preocupado com as pessoas que tinha à porta de casa que nem tinha tempo para se lembrar da sua própria conversão. Mas essa, no fundo, era nada mais do que a sua falta de tempo para se preocupar consigo. Antes vivia para si, à custa dos pobres e em função dos poderosos. Agora vivia simplesmente para os outros.

Fiquei pensando que também à nossa porta Deus põe tantas pessoas! Achei mesmo que é entregando-nos a elas que acabamos por mudar a nós próprios. Como se, para se ser melhor, a solução não fosse pensar em quaisquer estratégias de autoconversão, mas apenas abrir os olhos e tomar como missão pessoal o bem daqueles que Deus já colocou à nossa porta. "Desce à porta de tua casa e abre o cofre".

A terceira folha

A terceira folha representava dois rostos em uma troca de olhares. Um rosto era o de São Pedro e chorava amarguradamente. O outro era o rosto de Cristo, que, passando e voltando-se, o olhava em silêncio. Reconheci logo aquele momento em que Jesus é trazido pelos soldados para fora da casa do sumo sacerdote e ali mesmo – no pátio – se cruza com Pedro que acabara de negá-lo por três vezes.

Sob a gravura uma legenda dizia: "É PRECISO CHORAR O DESAMOR".

Impressionou-me que Pedro não tivesse tentado se justificar. "Sabes como é, Senhor, se eu tivesse dito que te conhecia também não ia adiantar nada, pois no fundo, se analisarmos bem a questão..." Impressionou-me que ele nem sequer tivesse tentado se desculpar. "Lamento o sucedido, mas tu sabes, Senhor, um homem não é de ferro. E tu conheces esta minha dificuldade em situações de tensão... Já vem desde quando eu era pequeno, das relações com os meus pais. E a sociedade, por outro lado, também não ajuda, porque infelizmente hoje em dia..."

Naquele pátio, Pedro não se justificou nem se desculpou. Apenas olhou Cristo e chorou.

Fiquei pensando que – entre as pessoas – a grande diferença não é que uns sejam bons e outros maus, mas que uns se desculpam enquanto outros choram. Certo, também, que há lágrimas que não levam a lado algum, há lágrimas que são de simples remorso ou de orgulho ferido. Mas não eram estas as de Pedro. As suas lágrimas eram todas de amor, de uma pena enorme do ter traído Jesus, de uma enorme confusão ao pensar que em uma hora tinha jogado na fogueira tudo quanto havia de mais sagrado na sua vida.

Fiquei olhando para essa terceira folha do *Manual de Conversão* enquanto repetia a legenda: "É preciso chorar o desamor". Pensei que não basta achar mal o nosso pecado, que não basta com a razão reconhecer que está mal e com a vontade decidir mudar. É preciso deixar-se revoltar contra ele a ponto de chorar.

A quarta folha

A gravura da quarta folha não tinha um único rosto. Viam-se nela duas mãos sujas de barro e, seguro entre as mãos, um pote a ser moldado sobre um torno de oleiro. Em letras grandes um letreiro dizia: "DEIXA QUE EU TE MOLDE".

Era uma referência ao capítulo 18 do livro do profeta Jeremias.

Pareceu-me ser esta a página mais importante do *Manual de Conversão*, ao imaginar que – mais eficaz que todos os nossos esforços – o que nos muda é o fato de Deus, secretamente, no torno da vida, nos tomando em suas mãos e nos moldando.

Fazemos esforços por sermos melhores: tentamos rezar mais, tentamos ter mais caridade, ou mais humildade, ou interiormente mais liberdade. Pedimos a Deus que nos ajude. E por vezes, atravessando-se no caminho de todos esses nossos esforços, aparece a vida: a pessoa que telefona para desabafar, a relação íntima que nos deixa desconcertados, um comentário que alguém nos faz, uma humilhação, uma fase onde tudo se embaralha. "Logo agora que eu estava conseguindo ser um pouco melhor, lá vem a vida com as suas coisas..."

Pois é... E se a vida fosse precisamente a resposta de Deus aos nossos pedidos e aos nossos esforços? E se tudo aquilo que nos acontece fosse apenas oportunidades de crescimento e de liberdade queridas por Deus ou, pelo menos, por ele consentidas?

Barro sempre seguro nas mãos firmes de um oleiro por entre as voltas da vida. Algumas vezes nos sentimos acariciados, em outras, apertados; algumas vezes nos vemos quase prontos, em outras amassados e sem forma; em certas alturas a obra toda faz sentido, em outras torna-se bastante incompreensível. "Não posso eu moldar a ti, como o oleiro molda o seu barro?" (Jr 18,5). "Deixa que eu te molde".

A penitência e as penitências

Acordei desconcertado com esse sonho, procurando me recordar onde estava. Giravam ainda na minha mente o barro do oleiro, as lágrimas de Pedro, a fortuna de Zaqueu e o perfume de uma mulher que beijava os pés do Senhor.

Como fazer para nos tornarmos melhores? A resposta me parecia agora estranhamente muito mais simples do que antes de adormecer. Não é uma questão de técnicas, mas de amor. Só o amor converte. Atira-te aos pés daquele que te ama, loucamente, como a mulher da rua em casa de Simão. Desce à porta de tua casa e abre o teu cofre a quem precisa, como Zaqueu, alegremente. Chora os teus pecados e os desamores, em modo arrependido, como Pedro, pois não há nenhum pecado maior que o perdão de Deus. Deixa que Deus te leve, confiadamente, como barro nas mãos do oleiro. Pode ser difícil, por vezes, mas é simples. E, no fundo, é a isso que se chama "penitência". E tem todo o sentido. No sótão, onde se guardam as memórias dos nossos pais e dos nossos avós, na fé, entre muito ferro-velho de outras eras, estava já afinal tudo, contido naquele *Manual de Conversão*. Mas então e o cilício? E então todas aquelas penitências que tanta gente faz, os jejuns, o fumar menos ou o deixar de comer chocolates por um tempo? Têm sentido? Têm valor? Apetecia arrumar tudo isso na arrecadação do passado e fechar a porta à chave.

Mas pensei que não devia fazê-lo já, pois os pais e os avós às vezes sabem coisas que os filhos só mais tarde compreendem. Deixemos o cilício para o fim, para acabar como começamos, e avancemos com uma distinção:
Uma coisa é "penitência", uma outra "penitências".
Penitência é a abertura do coração ao amor. Acontece por dentro, no coração. Ninguém vê, só Deus, que vê no segredo. Veem-se depois os frutos, nas nossas relações aumenta a fé, aumenta a esperança, aumenta o amor. Aumenta a nossa capacidade de entrega na vida do dia a dia. "Penitência" igual a "conversão", ou seja, uma versão melhorada de mim mesmo. Chamemos-lhe mesmo "conversão", para não haver confusões.

Outra coisa são as penitências. São exercícios exteriores de aquecimento que ajudam o coração a chegar à conversão.

Um exemplo pode ajudar:

Deus enviou o profeta Jonas a converter a cidade de Nínive. Nínive era uma cidade humanamente perdida, onde reinavam toda a espécie de injustiças e de imoralidades. Jonas lhes transmitiu o apelo de Deus à conversão. E o fato é que foi escutado. Durante quarenta dias os habitantes de Nínive fizeram penitências: decretaram o jejum e vestiram-se com sacos de tecido grosseiro, dos mais velhos aos mais novos. E até o próprio rei, quando a notícia lhe chegou, se despiu do seu belo manto real, vestiu-se de saco e deitou-se nas cinzas (cf. Jn 3,5-6). E Nínive, passados esses quarenta dias, era uma cidade diferente.

Segundo o texto, até os animais foram vestidos com sacos! Podemos nos perguntar se não bastaria aos ninivitas, simplesmente, caírem em si e mudarem a sua maneira de viver, sem precisarem passar por todo este aparato de penitências exteriores. Bastaria. Era apenas isto que Deus pretendia: a mudança das relações, a conversão. Poderiam muito bem ter passado por cima destes quarenta dias. Mas não podemos ignorar o impacto interior que certamente terá tido sobre os ninivitas verem o seu próprio rei sem o seu belo manto do costume e coberto exatamente do mesmo modo que o seu boi. Ou o impacto que terá tido ver o vizinho que sempre passeava pela rua com ares de superioridade, aparecer agora humildemente, em público, coberto de cinzas. Ou o impacto que terá tido sobre cada habitante, durante quarenta dias, o fato de na hora de cada refeição olhar para o prato semivazio e ter de se recordar do apelo à conversão do profeta Jonas. Os quarenta dias de exercícios de penitência ajudaram os ninivitas a alcançar o que queriam: a conversão dos corações e, a partir daí, a conversão das suas relações sociais.

Outro exemplo de penitência pode ser encontrado na Igreja dos primeiros séculos. Não havia confissões privadas, como acontece hoje (estas só começaram a ser praticadas no século VI). Quando um cristão cometia um pecado grave (um homicídio, por exemplo, ou uma traição pública da sua fé) entrava no grupo dos penitentes e durante determinado período fazia exercícios de penitência: cobria a cabeça de cinza, vestia-se de saco, descuidava a higiene pessoal, fazia jejuns etc. Continuava a participar sempre da oração da comunidade, mas ficava em um lugar próprio para os penitentes. Finalmente, cumprido o tempo assinalado, era solenemente readmitido na plena comunhão através da imposição das mãos; uma cerimônia que habitualmente tinha lugar na vigília pascal.

Podemos nos perguntar: Não bastaria a esse cristão simplesmente se arrepender e desejar do fundo de si mesmo nunca mais voltar a fazer o mesmo? Bastaria, é apenas isso que Deus quer, a conversão. Mas, de novo, não podemos ignorar o impacto que teria na vida desse homem esse tempo de penitência. Tempo para pensar, tempo para se reorientar interiormente, tempo para chorar e para sarar as feridas que o pecado sempre deixa.

Às vezes tenho pena de que hoje a penitência da confissão seja apenas umas poucas ave-marias ou pai-nossos, que o confessor manda rezar depois da absolvição. Não sei se, por vezes, não me ajudaria mais fazer uma confissão em dois tempos, separados por um período de penitência. Gostaria de que um dia um padre me dissesse: "Para você se arrepender mais a fundo dos pecados que acabou de confessar, vai a pé, sozinho, em peregrinação até os Jerônimos[1] e lá reza um terço pe-

---

1 Famoso mosteiro situado em Lisboa e que começou a ser construído no início do século XV, durante o reinado de D. Manuel I. (N. do E.)

dindo a Santa Maria de Belém que o ajude a ser melhor. Depois, para a semana que vem, volte aqui para eu lhe dar o perdão de Deus". Seria muito pouco prático, mas creio que bastante eficaz.

Mas voltemos às penitências. Disse que eram exercícios exteriores que pretendem ajudar o coração à conversão.

Podemos agora ir mais longe e dizer que todo e qualquer exercício que ajude à conversão se deve chamar penitência. Por exemplo, o retiro que fiz foi uma penitência. "Mas então foi duro, custoso, foi um verdadeiro sacrifício, não é?". Não, desta vez, por acaso até foi levezinho e cheio de consolação. Então, como posso chamar isso de "penitência"?

Ora aqui está a grande confusão que embaralha todas as conversas acerca desse tema: a palavra "penitência" tem um significado diferente na linguagem comum e na linguagem religiosa.

Na linguagem comum, dizemos que fazemos uma penitência quando fazemos alguma coisa difícil ou que nos custa. Por exemplo: andar de metrô em um dia de semana às seis da tarde é uma grande penitência; passar férias com certas pessoas é uma verdadeira penitência. Em linguagem religiosa, dizemos que fazemos uma penitência quando fazemos alguma coisa que nos ajuda a reorientar as nossas relações para o amor a Deus e aos outros, quer tenha sido difícil e custosa, quer tenha sido fácil e agradável.

O essencial da penitência não é o custar-nos, mas o mudar-nos. Às vezes, fazer coisas que nos custam nos obriga a ir ao fundo de nós mesmos e a mudar. É verdade. Mas isso é outra questão.

Há uma coisa que não podemos esquecer. Para nós, cristãos, o sofrimento, por si só, não tem qualquer valor. Ninguém vai mais depressa para o céu só porque aqui na Terra sofreu mais. Para nós, a única coisa que em absoluto vale é o amor, a entrega de nós mesmos a Deus, aos outros e à vida. Só o amor é redentor. Na cruz, Cristo nos salva não por ter sofrido muito, mas por se ter dado todo, por ter amado muito. É verdade que a dor pode ser ocasião de um grande amor, de uma enorme entrega. E muitas vezes é, mas ainda assim o que vale é sempre o amor.

Se é assim, se penitência é todo e qualquer exercício que nos disponha à conversão, a reorientar os nossos corações e as nossas relações segundo o amor, então cada um deveria descobrir as suas próprias formas de penitência. Que exercício prático e concreto neste momento me ajudaria a voltar mais decididamente para Deus e para os outros? Talvez a melhor penitência para uma pessoa que ultimamente tem se isolado e se fechado sobre si mesma não seja não comer chocolates, mas telefonar para os amigos. O que é que neste momento mais me ajudaria como exercício prático? Ler um trecho do Evangelho a cada dia, depositar um cheque na conta de alguém, aceitar o pedido de desculpas de um familiar...

De fato, a vida já traz por si muitas situações que são verdadeiras ocasiões de penitência, ou seja, oportunidades de exercício no amor, na entrega a Deus e aos outros. Um determinado aspecto da minha personalidade ou da minha sensibilidade, uma pessoa que precisa ser escutada, mas que é muito chata, a fidelidade ao casamento em uma fase difícil da relação, o assumir até o fim a missão que Deus confia a cada um etc. Porque é sobretudo através da vida que Deus nos molda, as penitências que a vida nos traz quando a levamos a sério são as formas mais básicas de penitência.

As penitências voluntárias

E quanto às outras, as penitências voluntárias? Hoje em dia, percebemos facilmente aquele tipo de exercícios que diretamente fazem bem a alguém e temos muito mais dificuldade em perceber aqueles exercícios em que renunciamos a alguma coisa, mas cuja renúncia, diretamente, não vai fazer bem a ninguém (como o jejum, por exemplo). Percebemos que há vantagens em comer menos se o dinheiro da refeição for para uma obra de caridade, mas já não percebemos que vantagem pode haver em fazer jejum se ninguém se beneficiar diretamente com isso. Em certo sentido, ainda bem. Somos pragmáticos e vamos direto ao essencial. Nisso somos parecidos com Zaqueu à porta de sua casa. Mas, por outro lado, não vemos algo que outras gerações viam com muito mais clareza, que muitas vezes não fazemos mais pelos outros porque o nosso coração está pouco livre de apegos egocêntricos e que a capacidade de amar também se treina quando se está sozinho, através de exercícios de liberdade. Esquecemo-nos de que bater um recorde em salto com vara pressupõe exercícios de aquecimento. Nestes, não se ganha nenhuma medalha. Mas o corpo ganha elasticidade para o momento da prova.

É nesse sentido que podemos compreender exercícios penitenciais como, por exemplo, o jejum, fumar menos etc. São exercícios de liberdade interior e de foco no essencial. Renunciamos a qualquer coisa que é boa como exercício de maior ligação a outra que é mais essencial. "Viu, Senhor? Posso até viver sem chocolate. Não posso é viver sem ti". Renunciar por renunciar não tem qualquer sentido. As penitências de renúncia são sempre uma grande afirmação prática do essencial.

Mas tentar explicar teoricamente estas penitências não sei se não é um pouco um contrassenso, pois a sua força está precisamente em nos fazer passar do nível das teorias ao nível mais básico e fundamental dos desejos... nos fazer passar da atitude muito "respeitável" de Simão, o fariseu, para a atitude de abertura da mulher que beijava os pés do Senhor.

As penitências, no entanto, têm perigos. O maior perigo é começarmos a dar tanta importância à penitência exterior que nos esquecemos de que ela era apenas um meio para a penitência interior, para a conversão das relações. Frequentemente, na Bíblia, Deus fala através dos profetas contra essa perversão das penitências. Recordemos, por exemplo, o capítulo 58 do profeta Isaías, dirigido àqueles que, praticando jejuns, não deixavam de praticar a injustiça:

> *Jejuais, mas procurando contenda e disputa e golpeando maldosamente com o punho!*
> *Podeis chamar a isto jejum, um dia agradável ao Senhor?*
> *Não é antes outro o jejum que eu aprecio:*
> *abrir as prisões da injustiça,*
> *desatar as correias da servidão, deixar ir em liberdade os oprimidos?*
> *Não consiste acaso em dividir o teu pão com o faminto, em hospedar os pobres sem teto, em vestir o nu*
> *e em não abandonar o seu irmão?* (cf. Is 58,4-7)

Fazer penitências por fora, sem desejos de ser melhor por dentro, não tem sentido. Por isso, se compreende que Jesus tenha aconselhado quem jejue a perfumar a cabeça e a ter um rosto lavado e bem-disposto (cf. Mt 6,16-17). Jesus não é contra as penitências (ele próprio as fez durante quarenta dias no deserto). Apenas adverte do perigo de se ficar na mera exterioridade e de se perder assim o essencial.

Depois de tudo isso, creio que será mais fácil enquadrar certo tipo de penitências que, durante séculos, caracterizaram a vida religiosa, tais como a disciplina ou o cilício.

Pessoalmente, eu teria muita dificuldade em recomendar essas formas de penitência a alguém. Em nosso contexto cultural, parecem-me exageradamente artificiais e divorciadas da vida. No entanto, se me aparecesse alguém que algum desses exercícios abrisse efetivamente mais aos outros e à solidariedade, aproximasse sinceramente mais de Deus, tornasse interiormente mais livre e mais capaz de alegremente apostar no essencial, então aí eu certamente pensaria duas vezes antes de tentar dissuadi-lo. Até porque não saberia como responder se essa pessoa me contestasse, dizendo que a dor por que possa passar (através da sua penitência) para crescer no amor não é nada se comparada à dor que sofrem tantos atletas para ganhar esta ou aquela medalha, ou tantas pessoas para conseguir emagrecer uns poucos quilos e mostrar-se assim em forma na praia...

No entanto, para isto das penitências, como para todo o resto que – de mais ou menos heroico – possamos fazer na vida, ganhamos muito em recordar aqueles versículos da Primeira Carta de São Paulo aos Coríntios, que dizem:

> *Ainda que eu fale a língua dos homens ou dos anjos se eu não tiver amor sou como o bronze que ressoa ou como o címbalo que tine.*
> *E ainda que eu entregue o meu corpo a fim de ser queimado,*
> *se eu não tiver amor*
> *de nada me aproveita* (1Cor 13,1-3).

Tudo passa, só o amor não passa.

Aprendiz de viajante
A consciência cristã

Texto proposto como roteiro para *Exame de consciência* em um encontro mensal no CUPAV – Centro Universitário Padre Antônio Vieira – de Lisboa.

Se você deseja ir mais longe no amor a Deus e ao próximo – e chegar mesmo a aprender com os seus próprios erros – coloque-se serenamente diante de si mesmo e faça um *exame da sua consciência de cristão*. Use de compaixão para consigo mesmo, mas não descanse até sentir que sua vida está direita no caminho do Senhor. Só isso lhe dará paz. Seja exigente consigo mesmo, mas nunca se esqueça de que tudo o que você pensar ou disser, você o faz diante de Alguém que o ama tal como você é, a ponto de ter dado a sua vida por ti.

Diante de Deus

Lembre-se de que só o Senhor é o teu Deus. Foi ele quem te criou. É ele quem te dá, a cada manhã, um dia para viver. Peça-lhe a graça de crescer na INTIMIDADE na relação com ele. Mas não se esqueça de que não há relação se você nunca tem tempo para ele ou se você lhe dá apenas migalhas do tempo que por acaso sobrou a você. Agradeça-lhe os momentos de intimidade que ele lhe tenha concedido e peça-lhe perdão se você não dá tempo suficiente à oração e à leitura espiritual ou se ele pôs no seu caminho oportunidades de você o conhecer melhor e você as desperdiçou por comodismo.

Encha sua alma de um único desejo absoluto: fazer com GENEROSIDADE, sempre e em tudo, a vontade dele. Viva para agradá-lo, por amor. Alegre-se de você ter sabido falar dos seus desejos e sentimentos para ele, mas peça-lhe perdão se achou que, no fim, era ele quem deveria fazer a tua vontade. Disponha-se sinceramente a cortar algum projeto seu que esteja contra a vontade dele. Escuta sem preconceitos a voz amiga da sua consciência, onde Deus fala e lhe mostra o que é bom. Mas não se esqueça de formar a sua consciência através da leitura da Bíblia e dos mandamentos antigos da tradição da Igreja, pois são fontes sagradas de sabedoria e de experiência.

Alegre-se por não estar sozinho na fé. Una seu coração a tantos homens e mulheres que – assim como você – chamam a Deus de Pai e a Cristo de seu Irmão. Sinta a união que pode existir entre você e eles, mesmo no silêncio. Peça a Deus a graça de viver a fé em COMUNIDADE, para além do simples individualismo. Peça-lhe perdão se você pôde ir à Missa no Dia do Senhor e não foi por preguiça. Procure uma comunidade onde você possa se inserir e dar algo de você, seja um pequeno grupo de fé, uma paróquia ou um movimento. Não se contente em receber a fé; arrisque falar de Deus aos outros, mesmo que às vezes você se sinta muito novo para fazer isso, fale do que se passa em seu coração e você verá que o Espírito Santo falará por você. Peça perdão a Deus se você se calou por medo ou por respeitos humanos. Disponha-se a assumir sua fé como adulto e a receber o sacramento do crisma se ainda não o recebeu. Aprenda a falar da Igreja como "nós" e não como "eles". Aprenda a amá-la de verdade, mesmo sem perder o seu sentido crítico. Peça perdão a Deus se você desprezou a comunidade que lhe ensinou a tratá-lo por Pai. Chore as limitações dela com a mesma tristeza com que você chora as suas e alegre-se com as boas obras dela e com o fato de Deus nunca ter deixado de se fazer realmente presente através dela.

Diante do mundo

Dê graças a Deus pelo mundo de coisas boas que ele cria ao redor de você, mas não se esqueça de que você não pertence a nenhuma delas. Você pertence ao Senhor, seu criador e seu amigo, com quem um dia você se encontrará. Peça-lhe perdão se você vive como se tudo acabasse aqui e a vida não fosse eterna. Entregue-se inteiro às coisas mais simples, mas não perca o SENTIDO DO ESSENCIAL. Você seria como um barco sem porto, ao sabor de quaisquer ventos. Passeie pelo mundo com gosto e liberdade, mas não se torne escravo de nada, nem da roupa que você veste, nem do dinheiro que você conseguiu, nem da imagem que você vê no espelho, nem de quaisquer outros bens que a vida pôs em suas mãos. Peça perdão pelas suas faltas de liberdade: as desculpas que você encontrou para não emprestar, o dinheiro que você esbanjou consigo mesmo enquanto outros passam fome, a preocupação exagerada com a sua imagem e com o seu futuro, as ânsias que lhe impedem de desfrutar serenamente das coisas que hoje Deus lhe dá. Respeite o universo, é a casa que Deus criou para que você e seus filhos pudessem viver em harmonia. Atire-se na construção do futuro – mesmo que este lhe pareça incerto – pois é Deus que lhe garante que nada daquilo que você fizer por bem será em vão. Tome o presente em suas mãos, mas não deixe de olhar em frente. Peça a Deus que lhe ensine a viver com ESPERANÇA. Peça perdão a Deus se você cruzou os braços e deixou espalhar em seu coração sementes de desânimo. Peça-lhe perdão se você segredou a si mesmo que "nada vale a pena" e esbanjou horas sem fim, cansando-se e gastando as energias, e o tempo que Deus lhe deu, diante de um aparelho de televisão ou diante de um celular ou um computador. Peça-lhe perdão se você se instalou em desânimos, em niilismos, em intermináveis "questões existenciais". Alegre-se e dê graças a Deus pelos seus sucessos, por menores que pareçam a você. Aceite suas falhas e arrependa-se dos seus pecados, mas não deixe que neles se instalem em seus pensamentos. Busque o perdão de Deus através da confissão e aprenda a deixar aí, em Suas mãos, tudo aquilo que lhe pesa em sua consciência de cristão. Aceite perdoar a si mesmo. Siga a tradição da Igreja e busque a confissão ao menos uma vez por ano. Ponha os seus talentos a render, na medida de suas possibilidades, sem os comparar com os talentos do seu irmão. Dê o seu melhor no trabalho que você encontrou, mesmo que não seja o trabalho dos seus sonhos. Não se deixe levar pelo desânimo se o trabalho lhe faltou, mas peça perdão a Deus se você tem trabalho e se deixou escravizar por ele e já nem consegue descansar. Procure um estilo de vida equilibrado, sem a euforia daquelas pessoas que não têm esperança, e aprenda a parar para saborear a vida e dar tempo àqueles que Deus colocou perto de você.

Sonhe com a JUSTIÇA e com a SOLIDARIEDADE, mesmo que lhe pareçam ideais utópicos. Lembre-se da paixão com que Jesus falava do Reino de Deus, alimente-se do sonho de Jesus por um mundo onde os seres humanos vivam como irmãos e reconheçam em Deus o seu Pai. Lentamente, como fermento na massa, esse sonho vai crescendo, mesmo por entre muitas ambiguidades. Não deixe você de fazer sua parte, a justiça e a bondade que você encontrou no mundo ao nascer são os legados de outros que o precederam. Peça perdão a Deus se você se deixou levar pelo relativismo e pelo desinteresse pelo que se passa na sociedade em que você vive, se você não contribui com ela, pagando impostos e votando nas eleições. Procure se interessar pelas questões políticas e sociais e não só pelas suas pequenas questões pessoais. Pergunte a si mesmo se você tem práticas habituais de solidariedade para com os mais necessitados, se você é capaz de abrir generosamente sua carteira ou o cofre do seu tempo para servir voluntariamente quem ficou à margem. Não se esqueça de que o mundo foi dado a todos.

Diante dos outros

Viva para os outros e, enquanto dependa de você, procure que estes vivam mais felizes. Aprenda humildemente o SERVIÇO de quem está à sua volta, mas não se torne escravo de ninguém. Tudo o que você fizer, seja feito livremente e por amor e nunca por sujeição ou sentimento de inferioridade. Conheça bem suas carências e necessidades, mas não deixe que o mundo se feche em torno de você, seria um mundo demasiado pequeno e solitário. Olhe para quem vive perto de você como se tivesse sido o próprio Deus a confiar responsabilidades a você. Dê graças a Deus pelos amigos e dedique-se a eles de coração. Peça perdão a Deus se você podia ter ajudado alguém e não o fez, se você feriu e não pediu desculpas ou se, em vez de um bom ambiente, você deixou ao seu redor uma nuvem pesada ou fria. Arrependa-se humildemente se roubou ou se prejudicou gravemente o seu irmão por palavras ou por ações. Foi a um filho de Deus que você o fez. Se é possível, tente repor com bem o que você estragou com o mal.

Seja verdadeiro em tudo o que fizer, você aprenderá a liberdade de ter apenas uma cara só e de não ter nada a esconder de ninguém. Seja honesto e não se refugie nas mentiras. Aos poucos deixarão de lhe incomodar. Seja fiel a si mesmo em todas as situações e diante de todas as pessoas. Levante a cabeça e encha o seu peito de um grande desejo de INTEGRIDADE. Alimente o amor, segundo a sua vocação pessoal, seja ela qual for. Ame o prazer – foi Deus que o inventou – mas tenha cuidado com as fugas, pois de algumas não há retorno. Peça perdão a Deus se você procurou no álcool ou se você projetou nas drogas aquela felicidade que só ele pode dar. Confie nele e tenha coragem de pedir ajuda. Não perca energias alimentando mundos solitários de fantasias que isolam você da vida real. Enquanto dependa de você, evite a masturbação e se afaste de filmes e de pensamentos que não levam a parte alguma. Aceite o desafio de construir pacientemente, no mundo real, relações de afetividade e de amor. Por vezes é mais difícil, mas os frutos são infinitamente maiores. Se você está casado, entregue-se de todo o coração, construindo a felicidade de quem Deus pôs no seu caminho. Procure o prazer desta pessoa e não só o seu. Invista no diálogo, no carinho e na criatividade para que a rotina não tome conta do futuro de vocês. Seja fiel, mesmo que isso lhe custe, é uma questão de respeito e de honestidade. Valorize sua intimidade e nunca a desperdice indevidamente só por aventura ou por paixão ou por medo da solidão. Antes aprenda a dar tempo ao tempo até que você esteja preparado para entregar não só o seu corpo, mas a sua vida toda em um projeto de futuro. E, quando chegar o momento, aceite sem medo a responsabilidade de assumir outra vida por amor.

Por mais desfigurado que seja um ser humano que passe a seu lado, nunca se esqueça que seu pai é Deus e ele é um filho a quem a vida apenas roubou um pouco de dignidade. Limpe o olhar e aprenda a ter pelo seu irmão um RESPEITO sagrado, qualquer que seja a sua raça ou a situação de vida em que ele se encontre. Peça perdão a Deus se a violência da vida fez endurecer o seu coração e você já nem se perturba em ver um irmão deitado, dormindo na rua só porque você não pode fazer nada. Peça-lhe perdão pelas tuas racionalizações. Em tudo o que depender de você promova a paz e afaste-se dos comportamentos violentos. Aprenda a olhar com respeito sagrado a gravidez de uma mulher. Peça perdão a Deus se você matou a vida que crescia em silêncio sob o olhar do amor de Deus.

Confia ao Senhor os teus pecados. Dá-lhe graças pelas tuas virtudes. Sê forte nas tuas tentações.
"Não te deixes vencer pelo mal, vence antes o mal por meio do bem" (Rm 12,21).

A missão
A Igreja

Este trabalho foi apresentado em dezembro de 2002, em Fátima, na Semana de Estudos de Espiritualidade Inaciana, dedicada a São Francisco Xavier, com o título: "E se São Francisco Xavier vivesse hoje?".

A minha história é um pouco bizarra e parece-me natural que não acreditem nela. Começou há meses, quando um dia me pediram que descobrisse o paradeiro de São Francisco Xavier. Respondi, com certa ironia, que – tanto quanto se sabia – ele tinha morrido há quatro séculos e meio e que agora o seu braço direito estava em Roma, uma sandália sua em Coimbra, grande parte do corpo em Goa e que os pedaços que faltavam estavam dispersos em relicários, um pouco por todo o mundo. Insistiram muito sérios que não, que estava vivo e que se eu fizesse uma investigação cuidadosa haveria de encontrá-lo e chegaria a falar com ele. Não foram dadas mais indicações a mim ou ajuda, a não ser uma mala na qual, segundo me disseram, encontraria as pistas necessárias para chegar até ele.

Era uma mala pesada que logo me encheu de curiosidade. Mal cheguei no carro, tive a tentação de abri-la, mas pareceu-me que melhor seria fazer isso em um local sossegado. Dei comigo estacionando o carro frente aos Jerônimos, onde se cantou uma missa solene antes de partir para o Oriente a frota de cinco caravelas que levaria São Francisco

Xavier até Goa[1]. Sentei-me diante do Tejo, junto à Torre de Belém, imaginando como seria quando a torre estava separada da margem, no meio do rio, entre caravelas que vinham e iam e pequenas barcaças de comerciantes e pescadores. Estava magnífico o Tejo, nessa manhã! Abri a mala.

O que lá encontrei, de certo modo, desapontou-me: um grosso livro sobre a vida de São Francisco Xavier, um outro com as suas cartas e um pequeno envelope com uma relíquia do santo (um pedaço de uma almofada sobre a qual repousara a sua cabeça, séculos depois da sua morte). E nada mais. Nem um mapa, nem uma carta com instruções mais precisas nem qualquer outra pista que me pudesse ajudar. Olhei o Tejo, imaginando se algum daqueles grandes navios modernos iria para a Índia de modo que eu ainda o pudesse apanhar. Ou seria melhor ir de avião? Claro, de avião a gente chega lá mais depressa. Lá, onde? Lastimei-me de saber tão pouco dessa parte do mundo onde São Francisco Xavier trabalhou e que eu, em breve, visitaria. Por onde começar? Tanto quanto me lembrava, ele tinha estado em pontos tão diferentes como Goa, as Molucas ou o Japão. Ou será que estava agora na China, essa meta de sonho que nunca chegou a pisar? Pus-me a folhear os livros que me tinham sido dados, recordando fatos e datas e surpreendendo-me com muita coisa de que não lembrava ou que não conhecia de todo... Por momentos, consegui até esquecer o embaraço da missão que tinha pela frente. Fiquei com o olhar preso em uma carta de São Francisco Xavier, dirigida ao rei de Portugal, dando contas da sua missão e pedindo o apoio do rei:

> *Não vacile por mais tempo nem se atrase vossa alteza, pois por muito que se apresse toda a diligência é pouca. O amor verdadeiro e ardente que tenho a vossa alteza leva-me a escrever isto: imagino que da Índia se elevem vozes de queixa por se mostrar vossa alteza avaro para com elas; pois dos abun-*

---

[1] SCHURHAMMER, Georg, SJ, *Francisco Javier, su vida y su tiempo*, Tomo I, edição conjunta do Governo de Navarra, da Companhia de Jesus e do Arcebispado de Pamplona, 1992, 948.

dantes benefícios que de aqui vão para enriquecer o erário real, vossa alteza só dedica uma pequenina parte ao remédio das gravíssimas necessidades espirituais que há nestas regiões![2]

O homem do presidente

Que liberdade interior! Recordei a importância de D. João III na história de São Francisco Xavier e como tinha sido por um pedido do rei que São Francisco Xavier tinha desenvolvido todo o seu trabalho de missão no Oriente. Foi ele, no fundo, que enviou o santo. Pensei que, se hoje houvesse um rei, provavelmente São Francisco Xavier lhe obedeceria de igual modo e que – se assim fosse – o próprio rei me poderia dar uma pista de onde o santo pudesse se encontrar hoje. Foi então que me surgiu uma ideia, uma ideia totalmente disparatada e à qual eu não teria dado a mínima atenção se essa história em que eu me via envolvido não fosse toda ela uma loucura: tentar falar com o presidente da República. Pedir-lhe uma pista. Explicar-lhe a minha situação. Pus uma gravata que tenho sempre no porta-luvas do carro e me dirigi ao Palácio de Belém.

Entrar foi mais fácil do que eu teria pensado, mas o presidente, obviamente, não me recebeu. Consegui, no entanto, – por ser jesuíta e por ter aprendido com outros jesuítas a conseguir coisas impossíveis – chegar a ter cinco minutos com um assessor seu. Ouviu-me muito sério, como se a minha história fizesse todo o sentido do mundo, e no fim me explicou, muito corretamente, que já desde há muito tempo que não havia império, que até Macau tinha recentemente deixado de estar sob a administração portuguesa e que vigorava neste momento uma clara separação entre Igreja e Estado, se bem que – de acordo com a Constituição – a Presidência da República, de per si laica, tinha um profundo respeito por todas as crenças e demais ideologias religiosas. Agradeci-lhe muito o tempo que tinha dispensado a mim e saí recor-

---

2 RECONDO, José Maria, SJ, *San Francisco Javier*, BAC, Madrid, 1988, 430.

dando o Terceiro Grau de Humildade[3] e como Cristo Nosso Senhor por mim e pela minha salvação tinha passado muito mais do que eu alguma vez chegaria a passar por ele. Ia eu já quase passando os portões do Palácio quando senti passos correndo atrás de mim. Era o assessor. Pensei que me viesse prender para me internar em algum hospital psiquiátrico. Mas a razão era bem outra. "O senhor presidente deseja falar com o senhor". Percebi que ele próprio estava estupefato. O presidente recebeu-me a sós, de forma calorosa, e quis saber muitas coisas acerca de mim e da razão que tinha me levado a pedir para falar com ele. Disse-me que o seu assessor, logo depois de ter falado comigo, tinha ocasionalmente comentado a minha conversa com ele.

Imaginei os dois rindo de mim pelas minhas costas e tentei explicar ao senhor presidente, o melhor que podia, que eu próprio me sentia embaraçado com a missão que tinha sido confiada a mim, mas que – por consideração para com aqueles que tinham entregue essa missão a mim – não queria desistir antes de ter tentado. Fez-me muitas perguntas acerca da pessoa que eu procurava – tantas que eu próprio fiquei intrigado – às quais eu não sabia dar qualquer tipo de resposta. A certo ponto da conversa, porém, confessou-me ter recebido, já havia meses, uma carta que tinha lhe causado alguma perturbação e que, desde aí, lhe dificultava o trabalho e até mesmo por vezes o sono. Não leu a carta para mim, nem quaisquer trechos dela, mas disse-me que se referia ao desempenho do seu trabalho no cargo que atualmente ocupava. Percebi que o que quer que estava escrito nessa carta tinha conseguido atingir o coração do presidente. Solidarizei-me com este homem e perguntei-lhe, como quem não quer nada, quem poderia ser o autor dessa carta. Confessou-me então que vinha assinada por um tal padre Francisco de Xavier. Tremi ao ouvir esse nome. Perguntei-lhe, discretamente, se o envelope não teria um remetente, um endereço por meio do qual pudéssemos chegar a conversar com esse padre. "Nada – disse ele –, quer ver?". E, dizendo isso, tirou da gaveta da escrivaninha e pas-

---

3   Uma das meditações dos *Exercícios Espirituais* de Santo Inácio de Loyola. [Cf. Santo Inácio de Loyola, *Exercícios Espirituais*, São Paulo, Loyola [14]2015, [167]. (N. do E.)]

sou-me para as mãos um envelope branco escrito a esferográfica, endereçado a ele e sem qualquer endereço no remetente. Não tive coragem de pedir licença para ver a carta, nem sequer teria tido tempo para isso, pois o presidente no momento em que me deixou tocá-la estendeu-me o braço para que eu lhe devolvesse. Mas tive tempo para ver o carimbo do selo: CTT – Miranda da Beira. Despedimo-nos e o assessor me conduziu até a saída, fazendo alguma conversa de circunstância acerca da história dos jardins do palácio.

Miranda da Beira

Estaria então o São Francisco Xavier do nosso século em Portugal e não no Oriente? Poderia este padre Francisco de Xavier ser a pessoa que eu procurava? E onde ficava a terra cujo nome se lia no carimbo dos correios? A verdade é que eu nunca tinha ouvido falar dela. Será que existia? Já tudo me parecia possível...

Sim, essa localidade existia e eu consegui encontrá-la no mapa, lá para o interior do país. Pensei que o melhor seria, antes de embarcar para a Ásia, gastar um dia em Miranda da Beira. Era a minha única pista e o máximo que me podia acontecer era fazer um passeio em vão.

Miranda era uma pequena aldeia como tantas outras do interior do país, com dois ou três cafés, uma escola primária e um riacho. Entrei em um café que era ao mesmo tempo mercearia e fui atendido por um rapaz que estava fazendo contas no livro da escola. "Por acaso você não conhece um padre chamado Francisco de Xavier?", perguntei-lhe. Mal ouviu o nome e seus os olhos se arregalaram, deu um pulo para dentro de casa e gritou: "Mãe, está aqui um amigo do padre Francisco". A mãe, uma senhora aí dos seus quarenta anos, apareceu imediatamente, acabando de vestir um casaco de malha, pois estava se preparando para sair. Abriu-me os braços antes que eu pudesse dizer alguma coisa ou fazer-lhe alguma pergunta. "Amigo do padre Francisco meu amigo é". E desatou em uma ladainha de louvores ao padre Francisco. Como o tinha conhecido, um dia que ele tinha chegado à sua aldeia e ali mesmo no café tinha se colocado a pregar; como tinha levado dois irmãos seus a fazerem as pazes; como havia ali perto da aldeia uma senhora idosa que ele tinha curado de um mal de estômago e como, desde a sua passagem por aquela terra, as portas da igreja se voltaram a abrir todos os dias para a oração do fim da tarde e se voltou a fazer a novena e a procissão em honra de Santa Marta. Ficou desapontada por eu não saber quando o padre Francisco voltaria a passar por lá. Não sabia onde o padre Francisco se encontrava agora, mas havia um senhor que talvez soubesse e que estaria na oração, que em breve começaria. Aceitei ir com ela. Pelo caminho, explicou-me que o padre Francisco só tinha passado por Miranda duas vezes e a última já tinha sido há mais de meio ano, mas que em cada uma dessas vezes tinha deixado mais conversões que muitos padres em vários anos. Perguntei se não tinham padre ali na aldeia. Respondeu que não, que o último padre que ali tinha vivido tinha morrido há mais de vinte anos. Que depois, durante vários anos, um outro padre de uma aldeia vizinha ia lá aos domingos uma vez por mês, mas que mesmo esse não aguentou, pois para além daquela paróquia tinha outras catorze.

 Chegamos à capela que, para grande espanto meu, estava cheia. Cantava-se já animadamente o cântico inicial, orientado por um grupo de três mulheres. Chamou-me a atenção um grupo de deficientes sentados nas primeiras filas e acompanhados por alguns jovens. Viria mais tarde a saber que – desde a primeira passagem do padre Francisco por Miranda – o grupo de jovens da capela ia diariamente dar apoio a um centro de deficientes que existia naquela localidade. O cântico terminou e um homem de meia idade subiu ao altar e orientou um mistério do terço e umas orações diante do Santíssimo exposto, nas quais várias pessoas falaram. Uma delas foi a senhora do café, que fez uma oração de ação de graças pela visita "de um amigo do padre Francisco que está aqui ao meu lado". Nesse momento, a capela inteira voltou-se para mim com sorrisos rasgados. No fim da celebração, muitos vieram para me dar as boas-vindas. Eu ia corrigindo e explicando que ainda não tinha chegado a conhecer o padre Francisco, mas parecia que o simples fato de estar à procura dele já fazia de mim um membro natural daquela comunidade. Finalmente apareceu o tal homem de meia-idade, que se inteirou da minha situação e me disse que não sabia onde estava o padre Francisco, mas que tinha ouvido dizer que ele e dois companheiros seus iam visitar uma localidade a setenta quilômetros dali.

Seria este padre Francisco o homem que eu procurava? Poderia o São Francisco Xavier do nosso século andar por aí, de aldeia em aldeia de Portugal, sem viajar para o estrangeiro? Eu tinha metido na minha cabeça, sem sequer me questionar, que deveria me deslocar até à Ásia para encontrá-lo. Mas, de repente, fez-se luz. Se o que tinha atraído São Francisco Xavier à Ásia eram as "gravíssimas necessidades espirituais" daquelas regiões tão abandonadas pastoralmente, não era verdade que em Miranda, ou em outras terras do interior de Portugal, se sentia agora um idêntico abandono? E se no Oriente ele tinha se enchido de compaixão por comunidades que se diziam cristãs por terem recebido no passado alguma forma de evangelização, mas que de cristãs apenas mantinham o nome, não se encheria ele agora de compaixão por tantas aldeias de cristãos nominais no interior do país? Onde estariam hoje esses cristãos de nome e sem assistência pastoral? Não me pareceu desprovido de sentido continuar a minha "caça ao homem" por terras de Portugal.

www.amdg.com

Estamos tão habituados a ver endereços de *sites* da internet que quase me pareceu natural encontrar um desses endereços na folha de cânticos que tinha sido distribuída na entrada da capela em Miranda. De fato, foi só quando cheguei na pensão em que fiquei essa noite e ao esvaziar os bolsos das calças que me chamou a atenção o dito endereço: "www.amdg.com". Não resisti enquanto não liguei o meu *notebook* e entrei no *site*. A apresentação gráfica era relativamente modesta. A página inicial era uma fotografia da Terra vista do céu, que alternava com outra do céu visto da Terra. Daí passava-se para o menu. O internauta podia escolher entre uma variedade de tópicos. Entrei em um que se chamava "Fecha a porta do teu quarto". Começava assim: "Se queres rezar, fecha a porta do teu quarto e fala ao teu Pai em segredo". Ali estava tudo o que alguém precisaria para começar a rezar. Dicas para a escolha do local, indicações quanto a possíveis maneiras diferentes de rezar, uma seleção de orações simples e sugestões de textos da Bíblia com pistas para reflexão pessoal. Quem quisesse podia ainda enviar questões para um endereço de *e-mail* que se chamava "correio espiritual", que alguém competente, do outro lado da linha, responderia às suas questões acerca da vida espiritual. Uma senhora pedia conselho acerca de uma promessa que tinha feito, mas que agora não podia cumprir. Um rapaz perguntava que fazer, pois cada vez que tentava se concentrar para rezar só conseguia pensar na namorada.

Vi que havia ainda uma seção de catequese com resumos da fé cristã. A pessoa escolhia a pergunta e aparecia na tela a resposta. Muito curioso, escolhi uma pergunta que dizia: "Que acontece a uma pessoa depois da morte?". Pensei que encontraria referências ao juízo final e ao perigo da condenação eterna. Mas não. Vinha escrito assim: "Confia que Aquele que por amor te criou por amor te quererá ter eternamente junto a si". A linguagem era toda desse estilo, um estilo a que eu não estava habituado, direto, simples e afetivo. Dirigido à cabeça e ao coração.

Poderia esse tipo de linguagem ter alguma coisa a ver com São Francisco Xavier? A princípio achei que não, mas depois recordei os catecismos que ele fez no Oriente, alguns em rima e para serem cantados, e pensei que quem é capaz de pôr a doutrina em música para povoações malaias também seria capaz de colocá-la em linguagem simples do nosso século na internet. Mais espantado fiquei quando entrei na seção sobre Jesus Cristo. Parecia incrível, a imagem que se abria lentamente no monitor, diante dos meus olhos, o Cristo do Sorriso. Sereno, desafiador, seguro de si, exatamente a mesma imagem que desde há tantos séculos se venera no Castelo de Xavier e que ainda hoje lá está oferecendo paz a todos que passam por ali. O Cristo do Sorriso! Seria coincidência? Mas como, se existem tantas imagens de Cristo? Por que esta, que ficou tão ligada a São Francisco Xavier, à sua vida e até mesmo à sua morte? Pareceu-me ver no sorriso desse Cristo a mesma simplicidade e prontidão da linguagem em que vinha apresentada a doutrina.

Dois ícones chamaram-me a atenção antes de sair do *site*. O primeiro era dos Supermercados Poupança. Percebi que eram eles os patrocinadores da página e surpreendeu-me que através desse *site* religioso se pudessem também fazer compras de detergentes ou de queijos. O segundo ícone representava duas mãos dadas. Clicando nele era possível ter acesso a referências e a esclarecimentos sobre as outras grandes religiões, obtinham-se contatos úteis dessas religiões e anunciavam-se encontros ecumênicos e inter-religiosos. Se São Francisco Xavier tinha alguma coisa a ver com tudo isto, isso significava que ele tinha refletido muito, nestes cinco séculos, acerca dos seus pressupostos inter-religiosos.

A Paróquia do Espírito Santo

Na manhã seguinte, dirigi-me para a localidade que o senhor de Miranda tinha me indicado. O seu cartão dizia apenas "Casal Mansilhas, Casa Azul, Rua do Largo, n. 54" e o nome da localidade. Mal cheguei, percebi logo que não se tratava de uma pequena aldeia mas de uma cidade de tamanho médio. Tinha uma zona industrial, um belo jardim público, um museu, muitas lojas e supermercados, um liceu, um quartel da polícia, transportes públicos e uma extensão considerável de bairros suburbanos. Indicaram-me a Rua do Largo. A Casa Azul era uma pequena vivenda, relativamente modesta, mas bem cuidada. Recebeu-me à porta um homem dos seus sessenta anos que logo percebi ser o senhor Mansilhas. "Tiago", insistiu ele. Não ficou surpreendido que eu procurasse o padre Francisco, mas lastimou o meu azar. O padre Francisco e dois companheiros tinham passado por ali há uma semana. Era para ficar mais tempo, mas, entretanto, o padre Francisco tinha ouvido falar de uma vasta zona no interior onde nunca tinha se ouvido falar de Jesus Cristo e tinha decidido dirigir-se para lá. "Creio que também percebeu que aqui estava tudo correndo bem e que não precisaria se demorar mais", acrescentou, com um sorriso orgulhoso nos lábios.

– "Tudo", o quê? – perguntei sem medo de ser indiscreto.

– Tudo sobre a nossa comunidade, a Paróquia do Espírito Santo.

– Ah! – Disse eu – O padre Francisco é o pároco de vocês?

– Não – respondeu o senhor Mansilhas –, o pároco sou eu!

Eu é que já não estava entendendo mais nada. "Mas então o senhor é padre?".

– Não, aqui não temos padre. Eu não sou padre, sou diácono permanente. Eu e a minha mulher.

– Então o senhor é casado?

– Há trinta e cinco anos, pela graça de Deus. A Madalena e eu temos três filhos, que Deus nos deu, mas só um vive ainda conosco. Os outros já estão casados. Felizmente estão todos bem encaminhados. Sempre fomos muito de Igreja e há dois anos fomos nomeados os responsáveis da paróquia.

– O senhor bispo sabe disso? – Perguntei com um pouco de medo.

– Então não?! Foi ele que nos nomeou! Mas o padre Francisco é que o convenceu, claro. No nosso caso nem foi preciso muito; os primeiros, há dez anos, é que foram mais difíceis. O bispo dizia que o povo não estava preparado para ver leigos no papel de padres e que padre sempre é padre. E tinha razão. Mas o povo se habitua mais depressa do que os padres e os bispos pensam. O mais importante é dar bom testemunho. Nisto o padre Francisco insiste sempre muito. De qualquer maneira, o padre Paulo, que pertence ao grupo do padre Francisco, ficou como padre responsável por esta forania de paróquias sem padre. Vem cá de vez em quando, nas grandes festas e em outras alturas, avalia conosco o andamento da comunidade, ajuda a resolver problemas, confessa e celebra a Eucaristia.

– Mas então aqui há outras paróquias que funcionam assim? – Perguntei.

– Aqui na cidade há mais duas e nesta zona são mais de vinte, entre paróquias e capelanias. Há também outras terras onde está sendo difícil encontrar um casal responsável. As pessoas têm medo da responsabilidade. Mas o padre Francisco não desiste. Ele vai à frente desbravando terreno e não deixa uma comunidade até que ela caminhe por si mesma.

– Como é que funciona uma paróquia sem padre? Desculpe a ignorância, mas eu nem sabia que existiam tais paróquias. Quem faz os casamentos e os funerais? Quem dirige as celebrações na igreja? Há celebrações na igreja, não?

— Claro que sim. Todos os dias há oração, que várias pessoas dirigem. E no fim de semana há duas celebrações da Palavra com distribuição da comunhão, presididas pela Madalena ou por mim. Os batismos, quem os faz é o padre Paulo, quando passa por aqui.

— E os funerais?

Nesse momento tocou o telefone e o senhor Mansilhas pediu licença para atender.

— Olá Matias... Agora às cinco? Está bem. (...) Sim, a irmã Joana parece-me bem. Se precisarem de alguma coisa digam.

Sabe — disse, pousando o telefone —, morreu ontem um jovem aqui da paróquia e o grupo paroquial que acompanha os doentes queria acertar comigo a hora do funeral. Porque é que não vai lá dar uma olhada? E depois janta aqui conosco para podermos conversar à vontade e vermos juntos o programa de televisão. Sabe que o padre Francisco vai aparecer hoje na televisão, não sabe?

— O padre Francisco na televisão?! — Exclamei, tomado pela surpresa e contentamento — Que bom, tenho tanta vontade de conhecê-lo! Eu não sabia que o padre Francisco era homem de ir à televisão.

— De vez em quando — respondeu o senhor Mansilhas. — Diz que sempre que lhe pedem vai. Eu acho que eles por um lado sentem muita curiosidade por ele, mas por outro lado têm medo porque sabem que vai quebrar toda a louça! Praticamente já nem o convidam para falar de assuntos religiosos porque ele não se cala. Mas, seja qual for o tema, ele sabe levar sempre a água ao seu moinho.

Dirigi-me ao cemitério, que ainda era longe. Na capela mortuária lá estava, junto ao altar, a irmã Joana, uma senhora relativamente jovem vestida com uma túnica simples. Estava acabando de ler o Evangelho. Todos se sentaram.

— O momento não é para grandes homilias — disse ela de pé —, mas não posso deixar de pedir ao Senhor que dê força para vocês neste momento e vos encha de confiança de que o filho de vocês está bem. Não sei a dor por que estão passando, pois eu própria nunca passei por ela. Mas sei o que é ter um filho e sei que por um filho não há nada que um pai ou uma mãe não façam. Por isso peço a vocês: confiem em Deus, que é Pai e Mãe. E aceitem o apoio que a nossa comunidade puder dar para vocês nos próximos tempos.

Dito isto convidou todos a se levantarem, abriu os braços, disse "Oremos" e fez uma oração muito bonita pelo jovem que tinha falecido. Depois aspergiu o corpo com água benta e saiu com o cortejo para a sepultura.

Impressionou-me a segurança dessa mulher a quem chamavam de irmã Joana e que afinal não era freira, como eu tinha pensado, mas uma mãe de família. Via-se que não era a primeira nem a segunda vez que fazia funerais. Esperei por ela na saída e fiquei sabendo que a Paróquia do Espírito Santo, como as outras da zona, estava organizada por áreas de serviço às quais chamavam de "ministérios". Ela pertencia ao ministério dos doentes, um grupo de uma dúzia de cristãos que, para além de funerais, fazem visitas a doentes e ajudam as pessoas a se preparar para morrer. Disse que o mais difícil era quando os doentes queriam se confessar, que já tinha escutado muita gente e que, mesmo sem poder dar a absolvição, acabava por fazer com eles uma oração de confiança no perdão de Deus.

Para além do ministério dos doentes havia também o da catequese, o dos jovens, o da solidariedade e o da família, que preparava noivos para o casamento, fazia casamentos e ajudava casais em crise, entre outras coisas. Explicou que uma parte considerável dos cristãos da paróquia estava envolvida em algum desses ministérios. O grupo do padre Francisco assegurava cursos de formação dos leigos para os vários ministérios e lhes dava também manuais e outros materiais de apoio.

O jantar na casa do irmão Tiago foi um delicioso banho de otimismo acompanhando umas não menos deliciosas costeletas de porco. Falamos muito dessas equipes de ministérios. A irmã Madalena estava muito entusiasmada com os fins de semana que estavam fazendo em aldeias vizinhas e que chamavam de "missões".

– Fiquei também sabendo que todos estes grupos trabalhavam gratuitamente. E vocês, como é que vivem? – Perguntei descaradamente ao casal da Casa Azul.

– Nós somos sustentados pela comunidade. Nas missas não se fazem peditórios, mas quem vem à igreja dá uma contribuição anual conforme as suas possibilidades. Essa contribuição vai toda para a diocese, que por sua vez paga aos responsáveis. Não é muito, mas temos ainda as nossas aposentadorias e com isto tudo, se não fizermos grandes excessos, dá para viver equilibradamente.

Cem por cento cultura

A conversa decorreu animada, mas nenhum de nós tinha por um só momento esquecido o programa de televisão. "Bem-vindos ao *Cem por cento cultura* – disse a apresentadora. – Televisão e universidades, qual tem maior impacto na nossa cultura contemporânea? É este o tema do *Cem por cento* desta semana e temos conosco, para discutir, um professor universitário, um jornalista e um padre". Nesse momento, a câmara afastou-se e lá estava ele, o padre Francisco, o homem aparentemente inacessível atrás de quem eu andava. Nunca o imaginara assim! Aparentava quarenta e tantos anos de idade, tinha o cabelo forte, testa larga, barba abundante, uma boa estatura, mais magro que gordo[4] e sentava-se confortavelmente no seu sofá. Tinha o seu rosto rasgado por um sorriso natural e, nos seus olhos grandes, o brilho dos homens apaixonados. A pele tostada do rosto sobressaía mais pelo contraste com a camisa branca sem colarinhos que usava aberta e sobre a qual pendia uma cruz pequena de madeira, muito simples.

Universidades ou televisão? O primeiro a falar foi o jornalista. Recordou os inícios da televisão e a sua rápida expansão. Estava perfeitamente consciente do enorme impacto da caixa mágica na criação das mentalidades na cultura contemporânea, fato que ele, como jornalista, sentia como uma grande responsabilidade pessoal.

Lamentava que, por vezes, os meios de comunicação caíssem na tentação do mais fácil e nem sempre dessem adequada divulgação àquilo que acontece nos grandes "templos do saber" (como ele chamava às universidades). Achava, por fim, que a questão não era "televi-

---

4 Confrontar com a descrição que faz de São Francisco Xavier um português de nome Fausto Rodrigues, que com ele viajou, em SCHURHAMMER (*op.cit.*), Tomo II, 887.

são *ou* universidades" mas que a cultura só ganharia com uma relação mais próxima entre ambas. O professor, por sua vez, estava plenamente de acordo. Sublinhou o papel importante da televisão na divulgação de muitas descobertas no âmbito das ciências e de como, de fato, a televisão ajudava a uma maior proximidade entre a cultura superior e o público em geral. Por fim, lamentou as dificuldades orçamentais com que se debatem as universidades, comparando as suas verbas com as verbas astronômicas que se gastam por dia na televisão.

Faltava o padre Francisco.

Padre Francisco, o senhor é um homem midiático que pertence a uma ordem religiosa tradicionalmente muito ligada à cultura. Por outro lado, é alguém que tem passado os últimos anos viajando pelo interior do país e que, segundo alguns, conhece essa realidade como ninguém. Que percepção tem do impacto das universidades na vida real das pessoas do interior? Que diria aos seus alunos, se tivesse uma cadeira na universidade?

– É engraçado pôr-me essa questão – disse o padre Francisco, claramente entusiasmado com a ideia. – Já várias vezes pensei nela. Se eu tivesse uma cadeira na universidade, acho que traria logo para a primeira aula muitas fotografias da vida de muita gente e diria aos meus alunos: "Se vocês soubessem quantas pessoas deixam de ser felizes por não haver quem se ocupe delas!". Eu lhes diria que temo que muitos dos que ensinam e estudam nas universidades estejam mais preocupados em acumular conhecimentos para fazer a sua própria carreira e ganhar dinheiro do que em usá-los para o bem dos outros e dar frutos com esses conhecimentos. É que se não procurassem só os seus próprios interesses, mas os dos outros e se não abrissem só a cabeça, mas também o coração, muitos iriam diante de Deus e diriam: "Senhor, que queres que eu faça? Envia-me aonde quiseres". Com quanta maior alegria viveriam eles se pudessem dizer a Deus: "Entregaste-me cinco talentos; aqui estão outros cinco que consegui ganhar com eles!". Mas claro – acabou ele, com um sorriso atrevido –, depois disso ninguém vai me convidar para ter uma cadeira na universidade!

Os olhos dos três companheiros seus de programa estavam perplexos de espanto. Mas a investida ainda não tinha acabado.

E sabe o que é que eu diria se tivesse um programa de televisão? O primeiro programa seria sobre navegação. Passaria imagens de um barco navegando pelo meio das ondas e os tripulantes largando o leme para queimarem incenso diante de um altar cheio de ídolos que tinham posto na proa do barco e jogarem dados para ver em que direção indicavam os ídolos que deveriam continuar, enquanto o barco ficava à deriva por ninguém segurar seu leme. Depois lhes explicaria que a vida é como um barco, que o leme é a liberdade que Deus nos deu para as mãos e que o melhor é segurarmos bem esse leme porque a nossa sociedade está cheia de ídolos.

– Ô, seu padre – comentou em tom de troça o jornalista –, isso de ídolos já não existe mais, são coisas da Idade Média. Entretanto, já veio a Idade da Razão e cada um tomou o leme do barco nas suas mãos. Não entendo que ídolos são esses que tanto o preocupam e que poderiam comandar a vida das pessoas.

O padre Francisco foi muito simpático com o jornalista e concordou absolutamente com ele, que os ídolos de antigamente já não existem e que felizmente já não estávamos na Idade Média. Mas lhe disse que lhe parecia que a publicidade enganosa, por exemplo, acabava por levar muitas famílias a se endividar até chegar a uma situação de que já não conseguiam sair. E que havia seitas que se aproveitavam de quem estava doente ou se sentia perdido e, em vez de ajudar as pessoas a lutar por um sentido positivo para as suas vidas, prometiam milagres às quintas-feiras a troco de dízimo. E que o próprio bombardeamento, na televisão, de imagens artificiais de pessoas belas, bem-sucedidas e felizes fazia muitas pessoas se sentirem feias, fracassadas e infelizes e deixarem de ser elas próprias. E que era a isso que ele chamava de ídolos.

A apresentadora – ela própria bela, bem-sucedida e feliz – desviou a conversa e o programa terminou pouco tempo depois.

Finalmente o encontrei

Agora, que eu o tinha visto na televisão, sabia que estava perto a hora do nosso encontro. Não conseguia fugir à sensação de que praticamente todos o conheciam pessoalmente, menos eu. Vou poupar a vocês os pormenores dos muitos quilômetros que tive ainda de fazer pelo interior do país e dos muitos outros testemunhos que pelo caminho fui ouvindo acerca do padre Xavier e da sua obra. O certo é que, na Paróquia do Espírito Santo, puseram-me em contato com um companheiro extraordinariamente próximo do padre Francisco, o irmão João. Nem este foi fácil de encontrar, parecia atacado do mesmo vírus de permanente mobilidade do padre Francisco. Mas lá o encontrei no momento em que ajudava uns doentes em um posto de saúde de mais uma pequena aldeia do interior. O irmão João disse-me que tinha estado com o padre Francisco há alguns dias antes, na comunidade de jesuítas que lhes servia de quartel-general entre seus muitos deslocamentos. Explicou-me que não tinham tido muito tempo para conversar, pois o padre Francisco estava atarefado, juntamente com um rapaz de nome Antônio, que o acompanhava, fazendo os preparativos para mais uma viagem, desta vez até uma região onde antes nunca tinha estado. Antônio conhecia essa região, pois era natural de lá. "O padre Francisco estava tão entusiasmado com os preparativos para essa viagem que parecia que ia para o céu", comentou o irmão João, enquanto limpava o suor do rosto de uma criança doente e lhe segurava a mão. "Mas parece que a viagem não ia ser fácil, pois é uma região remota e os transportes para lá são escassos." Perguntei ao irmão João o que nesta região atraía tanto o seu companheiro. "O mesmo de sempre – respondeu ele – a alegria de poder levar Jesus Cristo a quem não o conhece e a esperança do bem que lá pode ser feito. Mas desta vez era diferente – continuou, pensativo –, fazia a mochila como se a salvação do mundo inteiro dependesse do empenho que punha nesta viagem". Infelizmente o irmão João não sabia o nome da terra, mas sabia para onde ia o primeiro ônibus que o padre Francisco e o seu acompanhante iam tomar. Imaginava que aí, se eu os descrevesse, me poderiam informar para onde tinham seguido. Olhei para o mapa e vi que, com sorte, chegaria lá antes do anoitecer.

Enganei-me. A estrada era muito pior do que eu imaginara e quando cheguei lá, já era noite cerrada e não tinha onde ficar. Foi em vão que procurei pelas ruas alguém que me pudesse dar alguma informação. Vi ao longe um ônibus estacionado em uma espécie de pequena estação de transportes. "Talvez haja ali alguém acordado", pensei. Estacionei o carro e nem queria acreditar na minha sorte. Um rapaz atravessava a rua e vinha precisamente ao meu encontro. Estava salvo. Alguém poderia me ajudar a encontrar uma cama para essa noite. Mas nem tive tempo de falar.

– Venha depressa – disse o rapaz –, preciso da sua ajuda. Estou sozinho com alguém que está muito mal. Chegamos há horas de ônibus e estávamos à espera de um outro ônibus, que não chegou, mas ele está cheio de febre. Talvez o senhor nos possa levar de carro ao hospital?

Tive um enorme pressentimento. "Antônio?". "Sim – disse o rapaz, sem dar importância. – Vamos!" Fui. Encostado às portas fechadas da garagem, o homem que eu tinha visto na televisão agarrava com força a cruz de madeira que tinha ao peito. Padre Francisco. Dizia a custo coisas repetidas, pequenas orações. Estava obviamente muito doente, mas em paz. Finalmente calou-se por uns momentos, abriu os olhos e tentou dizer: "Para a maior... para a maior..." Antônio o ajudou: "Eu sei, padre Francisco, eu sei... vá em paz que nós continuamos. Para a maior glória de Deus". O padre Francisco esboçou um grande sorriso, apertou ainda mais a sua cruz de madeira junto ao peito e morreu.

E foi assim que eu percebi que, apesar de ele ter vivido há quatro séculos e meio e o seu braço direito estar em Roma e uma sandália sua em Coimbra e grande parte do seu corpo repousar em Goa, a sua voz continua falando de Deus um pouco por todo o mundo e inventando novas linguagens para o poder fazer. E seus pés continuam descobrindo novas terras de missão escondidas. E o seu coração continua sonhando formas novas de ser Igreja, para muito além do que pareceria possível, sem medo de arriscar o certo pelo incerto para ir atrás de um sonho e chegar aonde nunca se tinha chegado antes, ou mesmo – quem sabe? – à China.

E tudo isso... para a maior glória de Deus.

Edições Loyola

editoração impressão acabamento

Rua 1822 n° 341 – Ipiranga
04216-000 São Paulo, SP
T 55 11 3385 8500/8501, 2063 4275
www.loyola.com.br